EL DERECHO URBANÍSTICO EN VENEZUELA (1946-2019).
ENTRE LA TENTACIÓN CENTRALIZADORA Y
LA ATOMIZACIÓN NORMATIVA DE LA
CIUDAD VENEZOLANA SOFOCADA

EMILIO J. URBINA MENDOZA

Doctor en Derecho por la Universidad de Deusto
Profesor de postgrado de la UCAB

EL DERECHO URBANÍSTICO EN VENEZUELA (1946-2019). ENTRE LA TENTACIÓN CENTRALIZADORA Y LA ATOMIZACIÓN NORMATIVA DE LA CIUDAD VENEZOLANA SOFOCADA

CUADERNOS DE LA CÁTEDRA
ALLAN R. BREWER-CARÍAS DE DERECHO ADMINISTRATIVO
UNIVERSIDAD CATÓLICA ANDRÉS BELLO
Nº 40

Editorial Jurídica Venezolana
Caracas, 2019

Cuadernos publicados

1. Allan R. Brewer-Carías. *Reflexiones sobre la Revolución Americana (1776) y la Revolución Francesa (1789) y sus aportes al constitucionalismo moderno*, Caracas 1992, 208 pp.
2. Carlos M. Ayala Corao. *El régimen presidencial en América Latina y los planteamientos para su reforma (Evaluación crítica de la propuesta de un Primer Ministro para Venezuela)*, Caracas 1992, 122 pp.
3. Gerardo Fernández V. *Los Decretos-Leyes (la facultad extraordinaria del Artículo 190, ordinal 8° de la Constitución)*, Caracas 1992, 109 pp.
4. Allan R. Brewer-Carías. *Nuevas tendencias del Contencioso-Administrativo en Venezuela*, Caracas 1993, 237 pp.
5. Jesús María Casal H. *Dictadura Constitucional y Libertades Públicas*, Caracas 1993, 187 pp.
6. Ezequiel Monsalve Casado. *Enjuiciamiento del Presidente de la República y de los Altos Funcionarios*, Caracas 1993, 127 pp.
7. Gustavo J. Linares Benzo. *Leyes Nacionales y Leyes Estadales en la Federación Venezolana (La repartición del Poder Legislativo en la Constitución de la República)*, Caracas 1995, 143 pp.
8. Rafael J. Chavero Gazdik. *Los Actos de Autoridad*, Caracas 1996, 143 pp.
9. Rafael J. Chavero Gazdik. *La Acción de Amparo contra decisiones judiciales*, Caracas 1997, 226 pp.
10. Orlando Cárdenas Perdomo. *Medidas Cautelares Administrativas (Análisis de la Ley Orgánica de Procedimientos Administrativos, la Ley sobre Prácticas Desleales del Comercio Internacional y la Ley para Promover y Proteger la Libre Competencia)*, Caracas 1998, 120 pp.
11. Roxana D. Orihuela Gonzatti. *El avocamiento de la Corte Suprema de Justicia*, Caracas 1998, 158 pp.
12. Antonio Silva Aranguren. *Los actos administrativos complejos*, Caracas 1999, 137 pp.
13. Allan R. Brewer-Carías. *El sistema de justicia constitucional en la Constitución de 1999, (Comentarios sobre su desarrollo jurisprudencial y su explicación, a veces errada, en la Exposición de Motivos)*, Caracas 2000, 130 pp.
14. Ricardo Colmenares Olivar. *Los derechos de los pueblos indígenas*, Caracas 2001, 264 pp.
15. María Eugenia Soto Hernández. *El proceso contencioso administrativo de la responsabilidad extracontractual de la Administración Pública venezolana*, Caracas 2003, 139 pp.
16. Fabiola del Valle Tavares Duarte. *Actos Administrativos de la Administración Pública: Teoría general de la Conexión*, Caracas 2003, 113 pp.
17. Allan R. Brewer-Carías. *Principios Fundamentales del Derecho Público*, Caracas 2005, 169 pp.
18. Augusto Pérez Gómez. *Actos de Origen Privado*, Caracas 2006, 266 pp.
19. Jaime Rodríguez Arana. *El Marco Constitucional de los entes Territoriales en España*, Caracas 2006, 185 pp.
20. Henry Jiménez. *Régimen Legal de Hidrocarburos y Electricidad*, Caracas 2006, 279 pp.
21. M. Gabriela Crespo Irigoyen. *La potestad Sancionadora de la Administración Tributaria, Especial referencia al ámbito local en España y Venezuela*, Caracas 2006, 320 pp.
22. Jaime Rodríguez-Arana. *Aproximación al Derecho Administrativo Constitucional*, Caracas 2007, 307 pp.
23. Jesús Antonio García R. *Glosario sobre regulación de servicios públicos y materias conexas*, Caracas 2008, 190 pp.
24. Ricardo Antela. *La Revocatoria del Mandato (Régimen jurídico del Referéndum Revocatorio en Venezuela)*, Caracas 2010, 167 pp.
25. Gonzalo Rodríguez Carpio. *El alcance de aplicación territorial del impuesto sobre sucesiones*, Caracas 2011, 106 pp.
26. Juan Domingo Alfonzo Paradisi. *El Régimen de los Estados vs. la Centralización de competencias y de Recursos Financieros*, Caracas 2011, 120 pp.
27. José Ignacio Hernández G. *Introducción al Concepto Constitucional de Administración Pública en Venezuela*. 1ra edición, Caracas 2011, 249 pp.
28. Alfredo Parés Salas. *La responsabilidad patrimonial extracontractual de la Unión Europea por actuaciones conforme a derecho*. 1ra edición, Caracas 2012, 130 pp.
29. Gonzalo Rodríguez Carpio. *La denuncia del Convenio Ciadi; efectos y soluciones jurídicas*. 1ra edición, Caracas 2014, 89 pp.
30. Jaime Vidal Ortiz, Agustín Eduardo Gordillo, Allan R. Brewer-Carías. *La Función Administraiva del Estado. Cuatro amigos, cuatro visiones sobre el derecho administrativo en América Latina*. 1ra edición, Caracas 2014, 248 pp.
31. Tomás A. Arias Castillo. *La revisivencia de las leyes: Una potestad discrecional de los Tribunales Constitucionales*. 1ra edición, Caracas 2015, 138 pp.
32. Luis Alberto Petit Guerra. *El estado social. Los contenidos mínimos constitucionales de los derechos sociales*. 1ra edición, Caracas 2015, 292 pp.
33. Carlos Reverón Boulton. *El sistema de responsabilidad patrimonial de la administración pública en Venezuela*. 1ra edición, Caracas 2015, 139 pp.
34. Alejandro Gallotti. *El poder de sustitución del juez en la función administrativa*. 1ra Edición, Caracas 2015, 194 pp
35. Jaime Orlando Santofimio-Gamboa. *Respondabilidad del Estado por la actividad judicial*. 1ra edición, Caracas 2016, 168 pp.
36. Joaquín Dongoroz Porras. *El concepto de actividad lucrativa en el impuesto sobre actividades económicas de industria, comercio, servicios o de índole similar (aproximación a la noción de rentas pasivas)*. 1ra edición, Caracas 2018, 157 pp.

32. Luis Alberto Petit Guerra. *El estado social. Los contenidos mínimos constitucionales de los derechos sociales.* 1ra edición, Caracas 2015, 292 pp.

33. Carlos Reverón Boulton. *El sistema de responsabilidad patrimonial de la administración pública en Venezuela.* 1ra edición, Caracas 2015, 139 pp.

34. Alejandro Gallotti. *El poder de sustitución del juez en la función administrativa.* 1ra Edición, Caracas 2015, 194 pp

35. Jaime Orlando Santofimio-Gamboa. *Respondabilidad del Estado por la actividad judicial.* 1ra edición, Caracas 2016, 168 pp.

36. Joaquín Dongoroz Porras. *El concepto de actividad lucrativa en el impuesto sobre actividades económicas de industria, comercio, servicios o de índole similar (aproximación a la noción de rentas pasivas).* 1ra edición, Caracas 2018, 157 pp.

37. Gladys Stella Rodríguez. *Gobierno Electrónico en Venezuela. Una mirada desde los objetivos del desarrollo del milenio.* 1ra edición, Caracas 2018, 112 pp.

38. Luis A. Viloria. *Aproximación a los mecanismos de control político y su incidencia en el control constitucional.* 1ra edición, Caracas 2018, 176 pp.

39. Allan R. Brewer-Carías. *Sobre las nociones de Contratos Administrativos, Contratos de Interés Público, servicios públicos, interés público y orden público, y su manipulación legislativa y jurisprudencial,* 1ra edición, Caracas 2018, 260 pp.

40. Emilio Urbina. *El derecho urbanístico en Venezuela (1946-2019). Entre la tentación centralizadora y la atomización normativa de la ciudad venezolana sofocada,* 1ra edición, Caracas 2019, 117 pp.

© EMILIO J. URBINA MENDOZA
E-mail: eurbina2005@gmail.com
ISBN 978-980-365-456-6
Depósito Legal DC2019000327

Editorial Jurídica Venezolana
Sabana Grande, Av. Francisco Solano, Edif. Torre Oasis, Local 4, P.B.
Apartado Postal 17.598, Caracas 1015-A, Venezuela
Teléfonos: 762.2553/762.3842 - Fax: 763.5239
E-mail fejv@cantv.net
http://www.editorialjuridicavenezolana.com.ve

Impreso por: Lightning Source, an INGRAM Content company
para Editorial Jurídica Venezolana International Inc.
Panamá, República de Panamá.
Email: ejvinternational@gmail.com

Diagramación, composición y montaje
por: Mirna Pinto de Naranjo, en letra Book Antigua 12,
Interlineado 13, mancha 11.5x18

DEDICATORIA

Dedicamos el presente estudio a la profesora María Virginia ALARCÓN, Directora de la Escuela de Derecho de UCAB -Guayana. Ejemplo de consagración, autoridad, denuedo y especial delicadeza para una mejor universidad –académica y humana– en el corazón del escudo guayanés venezolano. Su trabajo ha sido igual que la construcción del urbanismo: cimientos fuertes, estructura funcional y estética a prueba de los embates del tiempo y los elementos.

I. A MANERA DE INTRODUCCIÓN: DERECHO Y URBANISMO EN VENEZUE-LA. UNA ECUACIÓN MARCADA POR LA PARADOJA

Noviembre 2007. Exactamente hace una década. Venezuela era sometida al proceso de reforma constitucional para fundamentar la perversión ideológica de la *sociedad levantisca*[1], que devendría en la abstracción operativa[2] conocida como poder popular. De forma inexplicable, dentro de esa fruslería

---

[1] Sobre el particular, véase Urbina Mendoza, Emilio. "La influencia de la voluntad popular sobre la interpretación constitucional judicial en Venezuela: ¿Abuso de los conceptos jurídicos indeterminados?" En: *Estudios de Deusto*. Universidad de Deusto, Vol. 58/2, Bilbao, julio-diciembre 2010, pp. 363-375.

[2] Por abstracción operativa entendemos como la aplicación en términos pragmáticos del núcleo <<duro>> de un concepto o institución. En este caso, para lo referido a la organización socio-constitucional de la Venezuela Urbana, la denominada "participación ciudadana" como operacionalización de la teoría jurídica de la voluntad general (Rousseau), termina debilitando la voluntad individual del ciudadano en la medida que paradójicamente los asuntos propios de la vida local terminan por alejarse de su círculo de influencia inmediata, no tanto en el plano material, sino en la capacidad de la élite política que gobierna para deformar o manipular dicha voluntad general. Por ejemplo, lo que en 1990 se podría haber realizado con una Asociación de Vecinos, ahora requiere el visto bueno de un Consejo Comunal o Comuna "adecuada a la ley". Y esa adecuación implica no sólo el mero trámite registral que se exige para las asociaciones civiles (vecinos), sino de una suerte de autorizaciones y demás requerimientos del Ministerio de Comunas, es decir, de una oficina burocrática de la Administración Central. Para más detalles, véase González Navarro, F. *Derecho administrativo español*. EUNSA, Pamplona, 1995, pp. 84-86.

pseudoconstitucional, se abordó como cliché <<transfigurati-vo>> la secular paradoja de nuestro régimen jurídico-urbanístico: *poseer reglas infinitas, pero carecer de un Derecho ur-banístico.* Antífrasis que si bien ha mutado en los últimos años, siempre se ha circunscrito a la existencia de un copioso inconexo compendio de reglas (legales y sublegales, naciona-les y municipales), jurisprudencia y doctrina científica avan-zada; pero, taladrantemente carente de un *sistema racional y operativo* que lo incardine dentro del concepto conocido en occidente como Derecho urbanístico[3].

Podrá el lector cuestionarse las razones para que traiga-mos a colación la fallida reforma. Sin embargo, de manera in-sólita, el artículo 18 *ejusdem* contempló lo siguiente:

> El Estado Venezolano desarrollará una política integral, para articular un **sistema nacional de ciudades**, estructurando lógi-ca y razonablemente las relaciones entre las ciudades y sus te-rritorios asociados y uniendo y sustentando las escalas locales y regionales en la visión sistémica del país.

> A tales efectos, el Estado enfrentará toda acción especulativa respecto a la renta de la tierra, los desequilibrios económicos, las asimetrías en la dotación de servicios e infraestructura, así como sobre las condiciones de accesibilidad, físicas y económi-cas, de cada uno de los componentes del citado sistema nacio-nal de ciudades.

---

[3] Por Derecho urbanístico entendemos "(...) *el conjunto de reglas a través de las cuales la Administración, en nombre de la utilidad pública, y los titulares del derecho de propiedad, en nombre de la defensa de los interese privados, deben coordinar sus posiciones y sus respectivas acciones con vistas a la ordenación del territorio* (...) Carceller Fernández, Antonio. *Instituciones de Derecho Urbanístico.* Editorial Montecorvo, Madrid, 1992, pp. 24-25. El profesor Armando Rodríguez García sugiere que las bases para un Derecho urbanístico comienzan en concebir las claves para la lectura jurídica de la ciudad. Véase *Fundamentos de Derecho Ur-banístico: una aproximación jurídica a la ciudad.* Ediciones de la Facultad de Ciencias Jurídicas y Políticas de la Universidad Central de Venezuela, Cara-cas, 2010, pp. 115-117.

Todos los ciudadanos y todas las ciudadanas, sin discriminación de genero, edad, etnia, orientación política y religiosa o condición social, disfrutarán y serán titulares del **Derecho a la Ciudad**, y ese derecho debe entenderse como el beneficio equitativo que perciba, cada uno de los habitantes, conforme al rol estratégico que la ciudad articula, tanto en el contexto urbano regional como en el Sistema Nacional de Ciudades. (Negrillas nuestras).

Sin entrar en valoraciones sobre lo que implicó el basilisco proceso reformista[4], el texto rescató dos conceptos cardinales inadvertidos en Venezuela, tan importantes como para dejarlos a un lado al momento de echar los cimientos de nuestro Derecho urbanístico. Su asimilación, más allá que fueran presentados en un momento y documento político inadecuado, es imprescindible para fundar las bases del Derecho urbanístico con predicado *venezolano* en lo que resta de la presente centuria.

Veamos los conceptos. <u>Primero</u>, la importancia de concebir el territorio ocupado por las ciudades dentro de un <<Sistema Nacional>>, que quizá, tenga antecedentes en algunos preceptos de la señera Ley Orgánica para la Ordenación del Territorio de 1983 (en adelante LOOT); busca reconocer la *geopolítica de interconexión* a la que se refiere la ciencia del urbanismo cuando aborda el concepto de *ciudad y sociedad hipertexto*[5]. El mundo GLOCALIZADO ha transformado la relación existente entre las ciudades, incorporándolas dentro de un sistema multimodal donde cada una de ellas posee su identidad definida pero que sirve a un todo mutable y común.

---

[4]   Para más detalles, véase Brewer-Carías, Allan R. *La Reforma Constitucional de 2007 (Comentarios al Proyecto Inconstitucionalmente sancionado por la Asamblea Nacional el 2 de noviembre de 2007)*. Editorial Jurídica Venezolana, Caracas, 2007. También del mismo autor *Estado totalitario y desprecio a la ley*. Editorial Jurídica Venezolana, Caracas, 2014, pp. 302-309.

[5]   Véase Ascher, François. *Los nuevos principios del urbanismo. El fin de las ciudades no está a la orden del día. (traducción española de María Hernández Díaz)*. Editorial Alianza, Madrid, 2010, pp. 39-43.

Segundo, el texto reproducido reconoce el concepto histórico acuñado como <<derecho a la ciudad>>. Si bien es cierto aparece a finales de la década de los 60 del siglo XX[6] como respuesta al quietismo estructuralista de la *Carta de Atenas sobre la Ciudad*[7], su estudio toma relieve con la concreción de la *Carta Mundial del Derecho a la Ciudad*[8] como un proyecto por construir unas reglas universales que incorporen a las ciudades como hábitats que se caractericen por el usufructo equitativo de sus recursos, actualizando y validando periódicamente el sistema internacional de protección de los derechos fundamentales. En sí, el derecho a la ciudad -a pesar de la errónea interpretación del legislador venezolano[9] como si fueran

---

6 Véase Lefrevre, Henry. *Le droit à la ville*. Éditions Anthropos, París, 1968.

7 El autor en referencia formula en su obra una crítica cáustica al modelo funcional de la Carta de Atenas. En su "droit à la ville", Lefrevre sentencia que el mismo es una autoexigencia más que una simple enunciación. Sin embargo, la tesis está formulada en términos etéreos y con ciertos aires afásicos. Expone textualmente el autor "(...) Este derecho [a la ciudad], a través de sorprendentes rodeos (la nostalgia, el turismo, el retorno hacia el corazón de la ciudad tradicional, la llamada de centralidades existentes o nuevamente elaboradas) camina lentamente. La reivindicación de la naturaleza, el deseo de gozar de ella, desvían el derecho a la ciudad. Esta última reivindicación se enuncia indirectamente como tendencia a huir de la ciudad deteriorada y no renovada, porque la vida urbana alienada debe existir "realmente". La necesidad y el "derecho" a la naturaleza contrarían el derecho a la ciudad sin conseguir eludirlo (Ello no significa que no sea preciso reservar vastos espacios "naturales" ante las proliferaciones de la ciudad desintegrada) (...) (Traducción nuestra)". *Ob. Cit.*, p. 138.

8 Véase Carta Mundial de Derecho a la Ciudad (2004). Sobre el tema, véase Programa de las Naciones Unidas (ONU-HÁBITAT) [http://es.unhabitat.org]. También, véase Foro Global Red Jurídica Urbana [http://www.uln.gltn.net].

9 En nuestra legislación se incorpora impropiamente el concepto con la promulgación del Decreto con Rango, Valor y Fuerza de Ley de Regionalización Integral para el Desarrollo Socioproductivo de la Patria, publicado en Gaceta Oficial de la República Bolivariana de Venezuela, Extraordinario, n° 6.151 de fecha 18 de noviembre de 2014. El exabrupto del decreto es que contempla una suerte de "dotación y democratización del derecho a la ciudad", como si de suyo fuera un derecho fundamental de naturaleza prestacional objetivado tan igual al derecho de la seguridad social (pensiones) u otro de la misma índole. Para más detalles véase Urbina Mendoza, Emilio J. "La transformación inconstitucional del concepto sobre equipamiento urbano como "escala de regionalización" en el "Decreto-Ley de Regionalización Integral para el Desarro-

derechos prestacionales- representa uno de los procesos complejos de estandarización mínima de normas dedicadas a los ciudadanos más que a la ciudad, cónsonas con la actual revolución global de los derechos fundamentales eminentemente urbana.

De esta manera, si hoy, no hemos sido capaces de entender las actualizaciones más sensibles que afectan el urbanismo como ciencia a nivel global (sociedad del hipertexto y derecho a la ciudad) y que son notas indispensables para edificar un Derecho urbanístico, poco o nada se ha atendido a lo largo de 70 años "heterodoxos" por no decir otra cosa. Así, tan igual como lo hicimos en 2007 cuando ensayamos una suerte de evaluación del desarrollo histórico de nuestro régimen legal del urbanismo[10], el principal obstáculo para compendiar un Derecho urbanístico la encontramos en la incapacidad para absorber el nominativo "urbano" (clásico y contemporáneo) para una nación que vivencia su calvario y que se les condena a la anti-ciudad.

Lo urbano ha sido el signo emblemático de la Venezuela que dejó atrás el camino de recuas por las autopistas. Abandonó el aljibe por gigantescos acueductos y sepultó la "familiaridad" del vecindario por el impersonal "condominio". El cariz urbano es un dogma en nuestro país como casi el resto del planeta. Sin embargo, el Derecho que ha acompañado la evolución del proceso urbanizador nacional, pocas veces ha mantenido el compás, pues, como bien lo ha acertado la profesora Dolores Aguerrevere, entre los sinsabores con los luminosos aciertos normativos ha estado más influido por el *Derecho* que por lo *Urbanístico*[11]. En fin hemos tenido, como

---

llo Socioproductivo de la Patria". En: Revista de Derecho Público, n° 140, Editorial Jurídica Venezolana, Caracas, (Octubre/Diciembre 2014), pp. 383-400.

[10]   Véase Urbina Mendoza, Emilio J. "El régimen jurídico del urbanismo en Venezuela: un extraño e inacabado rompecabezas en los inicios del siglo XXI". En: *Boletín de la Academia de Ciencias Políticas y Sociales*, n° 145, Ediciones de la Academia de Ciencias Políticas y Sociales, Caracas, (Enero/Diciembre 2007), pp. 201-261.

[11]   Aguerrevere, Dolores. "Pensando en una Nueva Ley Urbanística (I): El silencio administrativo ante los proyectos de edificación y urbanización". En:

apuntó en su oportunidad el profesor Brewer-Carías, urbanizaciones y urbanizadores, pero, hemos carecido de urbanismo y urbanistas[12].

Son esas paradojas las que sirvieron de moldes para una historia de la normativa urbanística que hoy cumple su séptima década, en una nación que ha sido secuestrada por sectas que poco o nada de convivencia urbana tienen en sus imaginarios. Si durante el último tramo del siglo XX venezolano se criticó mucho las demoliciones de la antigua Caracas de los techos rojos, que dio paso a las imponentes avenidas, autovías y rascacielos que hoy cubren el valle del Ávila, el siglo XXI clama porque lo que ayer era objeto de críticas, retorne para reponer a la ciudad en un estado más avanzado, más alineado con la calidad de vida.

AAVV Libro Homenaje al padre José del Rey Fajardo sj. Tomo II, Editorial Jurídica Venezolana, Caracas, 2005, p. 1189.

[12] Brewer-Carías, Allan R. *La urbanización en Venezuela y la ausencia de un Derecho Urbanístico.* En: AAVV. *Derecho Urbanístico y Ciencias de la Administración.* Vol. V, Instituto de Derecho Público de la Universidad Central de Venezuela, Caracas, 1983, p. 16.

II. LA HISTORICIDAD DEL DERECHO URBANÍSTICO VENEZOLANO: ENSAYO DE UNA CLIOMETRÍA SOFOCADA DEL RÉGIMEN LEGAL-URBANÍSTICO TRAS 70 AÑOS DE INCONGRUENCIAS

Estas paradojas explicitadas en la introducción y advertidas por predecesores[13] de nuestra disciplina, son las que procederemos a estudiar en el presente capítulo que si bien ya lo habíamos adelantado en 2009 cuando celebramos el centenario de la Cátedra de Derecho Administrativo en Venezuela[14]; el proceso de degradación y disgregación normativa en la es-

---

[13]   Escribía el profesor Brewer-Carías, con tono de preocupación para una Venezuela ya urbana, en 1983, lo siguiente: "(...) *En un país como Venezuela, que en las últimas décadas ha sufrido un proceso de transformación radical derivado de la urbanización, la disciplina del derecho urbanístico tiene una importancia fundamental, y no sólo para los juristas, sino para quienes se ocupan, desde otras profesiones y ópticas, de los problemas urbanos, pues éstos no pueden ser exitosamente enfrentados, sino con un adecuado marco jurídico-institucional. Sin embargo, nuestro país carece aún de una legislación nacional en materia urbanística, situación que lejos de contribuir a solucionar los problemas de nuestro proceso de urbanización, los está agravando, siendo insuficientes las normas aisladas y transitorias que se refieren a la materia y que han comenzado a aparecer en leyes especiales*" (...) Brewer-Carías, Allan R. *Ob. Cit.*, p. 8.

[14]   Véase Urbina Mendoza, Emilio J. "La historicidad del Derecho urbanístico y sus aportes en la tecnificación del Derecho administrativo venezolano (1946-2009)". En: *AAVV. 100 años de la enseñanza del Derecho administrativo en Venezuela 1909-2009*. Tomo I. FUNEDA, Centro de Estudios de Derecho Público de la Universidad Monteávila y Universidad Central de Venezuela, Caracas, 2009, pp. 129-162.

fera urbanística se acelera desde 2011 cuando se decide adoptar un modelo voluntarista y atomizado de reglas, reemplazando en la práctica al modelo estructural de planes impuesto desde 1983. De allí que hoy, al cumplirse un poco más de 70 años del inicio tecnificador-urbanístico, nos encontremos extremadamente alejados del Derecho urbanístico que en 1997 ó 2001 poseíamos y que medianamente ordenaba el caos en que se han transformado las urbes venezolanas.

Jamás nos imaginamos que el deterioro de lo urbano se extendiera más allá de las limitaciones físicas-territoriales y de infraestructura, sino que se expandirán sobre el imaginario normativo de las más altas esferas del gobierno. Recordemos la expresión -nada feliz y alejada de toda ciencia urbanística- del fallecido Presidente Hugo Chávez al afirmar que "(…) *dentro de Caracas puede caber otra Caracas (…)*[15].

1. *Hacia la concreción de una cliometría del régimen jurídico del urbanismo venezolano y su nueva transición hacia un Derecho urbanístico patrio*

Metodológicamente, tal y como lo decantamos hace algunos años en nuestros estudios sobre la evolución histórica de

---

[15]   "(…) *En Caracas, dentro de Caracas cabe otra Caracas, hay mucho terreno abandonado subutilizado, yo quiero que aceleremos, Elías, por lo que tú más quieras; Molina, por lo que tú más quieras, un equipo, pónganse los patines, a esa velocidad no vamos a llegar a ninguna parte. Yo tengo años en esto, y me vas a decir que hay aquí tres aquí y tres allá, y hay cientos de terrenos en Caracas disponibles, ya abandonados, que tiene hasta agua tienen servicio, están ahí planos ya, no seamos tan lentos en eso, tan conservadores. Yo una vez dije, Elías, y lo vuelvo a repetir, yo quisiera comenzar simultáneamente un mismo día a hacer, voy a decir un número redondo, cien edificios en Caracas. Y ahí yo quiero que llamen ustedes a las constructoras privadas, pero les ponemos los patrones, el edificio va a hacer de tantos pisos, de tantos metros cuadrados de esta calidad y el precio es éste, el que quiera bienvenido, el que no quiera que no trabaje. Ahora el que no quiera y tenga máquinas, el que no quiera -oigan bien- porque diga que él es bravo, y tiene cien máquinas por allá, lo expropiamos, le quitamos las máquinas, después se las pagamos, porque necesitamos las máquinas pa' trabajar ¿ves? El que no quiera colaborar se expropian las máquinas, es aplicación de la ley (…)"*. Véase Instituto de Altos Estudios del Pensamiento del Comandante Supremo Hugo Rafael Chávez Frías. Aló Presidente n° 366 de fecha 31-10-2010 (Caucagua, estado Miranda). [Consultado en: http://www.todochavez.gob.ve/todochavez/4232-alo-presidente-n-366].

18

las reglas jurídica-urbanísticas -que en su momento concebí como *Derecho urbanístico venezolano* y hoy es imposible sostenerse- decidimos periodizarlas según las exigencias propias de la *cliometría*[16]. Sería un despropósito -cuando no una aberración y burla al estudioso o consultante- que huyéramos de la exigencia metodológica para abordar un problema dentro <<el reino de la arbitrariedad>>[17], tal como lo explicita el maestro Antonio Moles Caubet al referirse sobre la administración del urbanismo.

En nuestros trabajos publicados en la década pasada, todavía podíamos concebir que en Venezuela existía un Derecho urbanístico rudimentario, rédito exclusivo del esfuerzo profesional desarrollado entre 1975 y 1988 cuando finalmente se pone vigencia a la Ley Orgánica de Ordenación Urbanística (en adelante LOOU). Sin embargo, lo que ha sucedido desde la aprobación en 2011 del *Decreto con Rango, Valor y Fuerza de Ley de Orgánica de Emergencia para Terrenos y Vivienda*[18] con las elucubradas Áreas Vitales de Viviendas y Residencias (AVIVIR), fue un desconocimiento por el propio Estado venezolano de la existencia de un Derecho urbanístico cimentado en el orden estructural de planes por una selva de reglas particulares y clara decantación por oscuras fantasías de una ordenación urbanística portátil y cómoda. De allí que nuestro reto -tras 72 años de ensayos y errores- sea evaluar la evolución histórica de la ordenación urbanística venezolana

---

16 La *cliometría* como disciplina edificada por los economistas en su constante estudio de los períodos económicos, circunscribe toda metodología en precisar el estudio de los ciclos y etapas de la realidad misma que las agrupa. La aplicación de las principales técnicas confeccionadas desde la cliometría hasta nuestra investigación, parte de la necesidad científica de evitar una periodización normativo-urbanística que responda al capricho del autor. Sobre la cliometría véase Hughes, J. *American economic history; the development of a natural economy.* Homewood (Ilinois), 1969. Reiter, Stanley y Hurwick, L. *Designing economic mechanism.* Cambridge University Press, 2006.

17 Véase Moles Caubet, Antonio. *Prólogo* de la obra de Torrealba Narváez, Luis. *Aspectos jurídicos del urbanismo en Venezuela. Estudio crítico y anteproyecto de Ley de Urbanismo.* Fondo Editorial Común, Caracas, 1970, pp. XIV-XVI.

18 Publicada en Gaceta Oficial de la República Bolivariana de Venezuela, extraordinario, n° 6.018 de fecha 29-01-2011.

para refundar un Derecho urbanístico que ha sido extraviado por la improvisación y el afán de controlar ideológicamente al ciudadano.

Especificada la decisión por estructurar la investigación desde la cliometría, debemos partir que toda etapa histórica debe circunscribirse a tres conceptos básicos bajo los cuales la historicidad de una idea, proceso, concepto, institución o norma pueda ser comprendida. A estas categorías debe troncalmente incorporarse los estándares de la modernidad en el sentido weberiano[19] a los fines de validar la calidad científica de la periodización. Los referentes serán entonces:

- Cambio cualitativo[20].
- Eje histórico[21].
- Proyecto histórico[22].

Para nuestro régimen jurídico-urbanístico, que fue en algún tiempo Derecho urbanístico venezolano, podemos diferenciar cinco etapas nítidas que encierran las patologías, evolución o involución de la disciplina.

Etapas que se ilustran en el presente cuadro:

---

[19] Vidal Fernández, Fernando. "La modernidad como edad de universalización: revisión del programa weberiano de modernización". En: *Miscelánea Comillas*. n° 126, Pontificia Universidad de Comillas, Madrid, 2007, p. 153.

[20] "(…) *Es la identificación de la realidad histórica que signa al resto de aconteceres sociales como principio* (…)". Vidal Fernández, Fernando. *Ob. Cit.*, p. 151.

[21] "(…) *Es la dimensión, hecho o proceso que influye sobre todo lo analizado. Sobre éste se construirán las ideas y demás materializaciones históricas del tiempo durante el cual se mantenga dicho eje* (…)". Vidal Fernández, Fernando. *Ob. Cit.*, p. 150.

[22] "(…) *Son las versiones, programas de naturaleza política, social, económica, jurídica, cultural, etc., que buscan explicar a su manera, o influir abiertamente, sobre la esencia de un particular eje histórico* (…)". Vidal Fernández, Fernando. *Ob. Cit.*, p. 154.

Eje histórico	Cambio cualitativo	Proyecto histórico
Primer Impulso urbanizador estatal Tecnificado	Creación de la Comisión Nacional de Urbanismo (1946)	Desarrollismo estatal y estado social de Derecho (1945)
Estrategia reglamentaria centralizadora	Disolución de la Comisión Nacional de Urbanismo (1958)	Desarrollismo y Estado promotor (Constitución de 1961)
El plan urbanístico como Instrumento rector fundamental de normatividad urbanística	Sanción de la Ley Orgánica para la Ordenación del Territorio (1983)	Estado social de Derecho y Estado promotor-subsidiario (Nacionalización petrolera 1976)
La popularización horizontalista de los planes y normas urbanísticas	Publicación en Gaceta del Decreto Presidencial n° 1.666 (2002)	Estado social, populista e intervencionista (Constitución Bolivariana de 1999)
La atomización y normatividad Portátil de voluntarismo popular	Decreto-Ley Orgánica de Emergencia de Terrenos y Viviendas (2011)	Estado comunal centralizado (Leyes del Poder Popular 2010)

Descrita el reexamen a la cliometría que iniciáramos su estudio en 2007, cuando todavía podíamos concebir un Derecho urbanístico venezolano, es necesario formular unas advertencias troncales en cuanto a la historia de nuestras normas urbanísticas.

Primero, tiene que ver con el enfoque en que periodizamos las etapas del régimen jurídico-urbanístico como un todo. No lo hacemos en relación a las fuentes del mismo, pues, para ello nos acogemos a la división formulada por el maestro Antonio Moles Caubet[23], en las cuales, una primera se circunscribe a la legislación básica del Derecho común arraigada en el Código Civil y la segunda en normas tecnificadas de esencia puramente urbanística. La primera etapa se caracteriza porque lo urbanístico se circunscribe al "(...) *derecho de propiedad elástico sobre inmuebles ubicados en ciudades (...)*"[24]. Las limitaciones a la propiedad urbana, serán responsabili-

---

[23] Moles Caubet, Antonio. "El régimen jurídico del urbanismo en Venezuela y su relación con la autonomía municipal". En: *AAVV. Derecho Urbanístico y Ciencias de la Administración.* Vol. V, Instituto de Derecho Público de la Universidad Central de Venezuela, Caracas, 1983, p. 491.

[24] Corte Suprema de Justicia/Sala Político-Administrativa. Sentencia de fecha 10 de agosto de 1977 (Caso: *Varios vs. Municipalidad del Distrito Federal*), ponencia del Magistrado Martín Pérez.

dad de los Concejos Municipales[25] a través de sus ordenanzas, así como, de leyes especiales nacionales con incidencia en lo urbanístico como sucedió con la Ley de Servidumbre de Conductores Eléctricos[26], el Reglamento de la Ley de Sanidad Nacional[27] y la reforma de la Ley de Sanidad Nacional[28], la reforma a la Ley de Tierras Baldías y Ejidos[29]; así como los Decretos de creación del Instituto Nacional de Obras Sanitarias (INOS)[30].

La segunda división histórica señalada por Moles Caubet[31], implica una redimensión de la propia concepción de la norma urbanística, proyectándose más allá de la tradición heredada del Derecho público romano. Comienza con el documento de nacimiento indiscutible de nuestra disciplina jurídico-urbanística, que es el *Decreto nº 387* de la Junta Revolucionaria de Gobierno[32]. El citado instrumento funda el primer organismo técnico-urbanístico de planificación venezolano: la Comisión Nacional de Urbanismo. Su quid de creación será:

---

[25] El Código Civil Venezolano [Sancionado en 1942 con reforma en 1982 Gaceta Oficial Extraordinaria nº 2.990 del 26/06/1982] hizo un esfuerzo por regular la propiedad urbana -siguiendo la tradición codificadora europea- en el Libro Segundo, Título III, Capítulo II (Desde el artículo 644 al 758). El codificador nos habla de las "limitaciones legales a la Propiedad Predial y de las Servidumbres Prediales", todas, propias de la experiencia heredada del Derecho Romano. Así, encontraremos en el articulado supra citado, regulaciones sobre el Derecho de Paso, de Acueducto y de Conductores Eléctricos; Medianería; Distancias y obras intermedias; luces y vistas de la propiedad del vecino; desagüe de los techos, etc.

[26] Publicada en la Gaceta Oficial de los Estados Unidos de Venezuela, nº 16.561 de fecha 19-07-1928.

[27] Publicado en la Gaceta Oficial de los Estados Unidos de Venezuela, nº 17.512 de fecha 31-08-1931.

[28] Publicada en la Gaceta Oficial de los Estados Unidos de Venezuela, nº 20.846 de fecha 21-07-1942.

[29] Publicada en la Gaceta Oficial de los Estados Unidos de Venezuela, extraordinario, s/n. de fecha 19-08-1936.

[30] Publicada en la Gaceta Oficial de los Estados Unidos de Venezuela, nº 21.079 de fecha 15-04-1943.

[31] Moles Caubet, Antonio. *Ob. Cit.*, p. 491.

[32] Publicado en la Gaceta Oficial de los Estados Unidos de Venezuela, nº 22.081 de fecha 10-08-1946.

"(...) Artículo 3°- La Comisión tendrá por finalidad el estudio de los proyectos de Urbanismo de las regiones y poblaciones de Venezuela, recopilará los datos necesarios para dichos estudios y estudiará los sistemas para poder llevar a efectos estos planes (...)".

Segundo, queremos estudiar dentro de cada período no sólo la identificación de los principales documentos normativos, sino también estudios doctrinales y jurisprudencia paradigmática que servirá de soporte y aporte original para el andamiaje jurídico-urbanístico. Por ello en cada período señalado (5 en su totalidad), indicaremos en cada subepígrafe los autores destacados y sus obras, así como, la jurisprudencia correspondiente.

Tercero, existe una constante observada a lo largo de los años, como es el persistente comportamiento estatal *por evitar concretar una ley específica nacional marco* en materia de urbanismo. Esto sólo podrá ser revertido en 1987, cuando se sanciona, promulga y publica en Gaceta Oficial la Ley Orgánica de Ordenación Urbanística[33]. Entre 1987 hasta 2005 la LOOU mantendrá el carácter de eje normativo en la materia, hasta que de forma inexplicable, la Asamblea Nacional dicte la Ley Orgánica para la Planificación y Gestión del Territorio[34]. En la actualidad, si bien el propio Estado venezolano acepta la vigencia plena de la LOOU, cada vez que se dictan AVIVIR, se deja a un lado la centralidad necesaria e imprescindible de la LOOU, retornándonos a tiempos donde la dispersión normativa era la regla.

Cuarto, la falta de centralidad normativa y favorecimiento de la dispersión, ha ocasionado flagrantes violaciones no sólo al régimen de zonificación y su prohibición legal de modificación en forma aislada y singularmente propuesta, sino que también el Ejecutivo Nacional termina por usurpar funciones propias de los Municipios como es la concreción de

---

[33] Publicada en Gaceta Oficial de la República de Venezuela, n° 33.868 de fecha 16-12-1987.

[34] Publicada en Gaceta Oficial de la República Bolivariana de Venezuela, n° 38.279 de fecha 23-09-2005.

Planes de Desarrollo Urbano Local. El ejemplo más palpable de esta intromisión nacional la verificamos en 2014 con la publicación en Gaceta Oficial del Decreto Presidencial n° 1.542[35] que de forma flagrante otorgó un "(…) *el CAMBIO DE USO EDUCACIONAL para que sea destinado a USO RESIDENCIAL, al Lote de Terreno ubicado en la Urbanización Parque Albarregas, Avenida Las Américas, Municipio Libertador del estado Mérida, para el desarrollo del Proyecto Habitacional Residencial Del Sur (…)*"[36].

Esta es una muestra patológica sobre cómo en nuestro tiempo el Estado desprecia toda iniciativa de cumplimiento a las normas centrales en materia urbanística.

A. *Primer impulso urbanizador estatal tecnificado (1946-1957)*

Siendo conteste que el punto de partida de la ordenación urbanística venezolana comienza en 1946 con la creación de la Comisión Nacional de Urbanismo, no será sino hasta la publicación en Gaceta Oficial de la *Resolución n° 5 del Ministerio de Obras Públicas*[37], de ese mismo año, cuando se produzca el primer documento normativo. En efecto, el citado acto administrativo contempló el Reglamento de Funcionamiento de la Comisión, destacándose lo preceptuado en su artículo 2, que estableció:

Artículo 2°.- La Comisión Nacional de Urbanismo tendrá las siguientes atribuciones:

---

35 Publicado en Gaceta Oficial de la República Bolivariana de Venezuela, n° 40.563 de fecha 16-12-2014.

36 Para más detalles, véase Urbina Mendoza, Emilio J. "El Decreto Presidencial n° 1.542 como golpe a la autonomía municipal. Una reinterpretación nacionalizadora de la Ley Orgánica de Ordenación Urbanística". En: *Revista Electrónica de Derecho Administrativo Venezolano (REDAV)*, n° 5, Universidad Monteávila, Caracas, 2015 (enero/abril) [en línea: http://redav.com.ve/wp-content/uploads /2015/09/Emilio-J-Urbina-Mendoza1.pdf].

37 Publicada en Gaceta Oficial de los Estados Unidos de Venezuela, n° 22.171 de fecha 26-11-1946.

a) Estudiar y aprobar los ante-proyectos, normas, proyectos de ordenanzas, planes de ejecución y de financiamiento de urbanismo.

b) Someter para su aprobación a las autoridades competentes, por intermedio del Ministerio de Obras Públicas, todo lo resuelto con relación al urbanismo de las regiones de Venezuela.

c) Promover mediante conferencias, publicaciones, etc., el interés del público por las obras de urbanismo.

El texto introduce en Venezuela por primera vez el concepto jurídico de *planes urbanísticos* e inclusive de la noción sobre <<urbanismo>>, muy a pesar que años atrás, en 1939, se había elaborado el denominado Plan Rotival (Rotival y Lambert) así como la creación casi desapercibida de la Comisión Técnica de Urbanismo (1937) y la Dirección de Urbanismo de la Gobernación del Distrito Federal (1938); todos, más apegados a la intervención *monumentalista haussmanniana*[38] que a la idea de una normatividad planificadora.

Por ello, el dispositivo del Ministerio de Obras Públicas (MOP) de 1946, surge precisamente como consecuencia de esa transición operada en la década del 40, con su modelo desarrollista, que trajo consigo el proyecto histórico emergente tras el golpe cívico-militar efectuado por el partido Acción Democrática y la oficialidad joven en octubre de 1945. Se incluye dentro del imaginario de este nuevo modelo de gobierno, un Estado que buscará modernizarse a como de lugar, empleando para ello los recursos económicos necesarios para conseguir tal fin.

La Comisión Nacional mantendrá inalterado su carácter técnico[39], cumpliendo los cometidos de su creación. Elabora-

---

[38] Almandoz Marte, Arturo. "Urbanismo europeo en Caracas (1870-1940)". En: AAVV. Hernández, Tulio (Comp.). *Ciudad, espacio público y cultura urbana.* Fundación para la Cultura Urbana, Caracas, 2010, pp. 204-206.

[39] Es necesario destacar la naturaleza técnica del órgano colegiado, al cooptarse lo más profesional en materia de arquitectura e ingeniería de la época. La Comisión estuvo conformada por *Leopoldo Martínez Olavarría (Presidente), Carlos Guinand, Luis Malausena, Carlos Raúl Villanueva, Édgar Pardo Stolk, Armando Vegas, Luis Wannoni* y *Alejandro Oropeza Castillo.*

rán los primeros *planes reguladores* de las capitales de estado, comenzando por la propia Caracas que adquirirá gracias a sus estudios y recomendaciones, su ascenso al concepto de área metropolitana[40], ésta última, reservada en América Latina para Buenos Aires y Ciudad de México D.F. La Comisión en este sentido, asumió un fuerte rol centralizador en cuanto a las decisiones técnicas relacionadas al urbanismo, a pesar de ser materia destinada a los Municipios desde 1909. Como bien lo resaltó Omer Lares en su trabajo de legislación urbanística comparada, esta centralización técnica nos introdujo en la importancia de tecnificar el crecimiento urbano "(...) *tan igual como en los países de mayor cultura en la creación de Ministerios y otros organismos similares que estudian, dictaminan y controlan el urbanismo nacional* (...)"[41].

Las bases del urbanismo venezolano y las regulaciones jurídicas de la materia llevan la impronta de esta Corporación de Derecho Público, primera en escribir la historia decisiva sobre la transformación urbana en Venezuela, incluyendo, el naciente régimen jurídico del urbanismo.

a. *La expropiación por causa de utilidad pública o social*

Desde la esfera normativa, vista la redimensión del territorio urbano en Venezuela instrumentalizado en sus planes y proyectos de obras públicas; uno de los obstáculos ya vislumbrados por la propia Comisión será la propia normativa civil vigente. Para 1946 todavía en nuestro país se concebía la propiedad en su cariz más quiritario, donde el Derecho pri-

---

[40] Decreto n° 647 de la Junta Militar de Gobierno, publicado en Gaceta Oficial de los Estados Unidos de Venezuela, n° 23.357 del 19-10-1950. Puede leerse entre los considerandos del mismo lo siguiente: "(...) *Considerando: Que, como consecuencia del crecimiento demográfico de la ciudad de Caracas, algunas zonas y centros poblados pertenecientes a distinta jurisdicción político-administrativa han llegado a integrar con ella una sola unidad urbana. Considerando: Que esta integración ha originado problemas de diversa índole, cuya solución sólo puede lograrse sobre la base de levantamientos estadísticos conjuntos* (...)".

[41] Lares, Omer. *Legislación urbanística comparada.* Fondo Editorial Común, Caracas, 1971, p. 121.

vado se erige como el *ius* absoluto, negándose ese carácter intrínsecamente <<social>> de la propiedad urbana. La renovación del pensamiento urbanístico y la ejecución de infraestructura pública jamás construida en el país, impulsó la introducción de las tendencias del Derecho Comparado en materia de limitaciones de la propiedad urbana[42], incluyendo su ablación. Instrumento que se conocería como *Ley de Expropiación por Causa de Utilidad Pública o Social*[43].

<blockquote>

b. *La introducción de ordenanzas sobre urbanismo superando el concepto clásico de edificación*

</blockquote>

Así como se vivencia por primera vez el concepto de *expropiación* en su sentido moderno, la Comisión en cumplimiento de lo establecido en el artículo 2°, literal a) de su Reglamento, elabora los primeros proyectos de ordenanzas relativas al urbanismo que van más allá de lo que establecía el artículo 700 del Código Civil venezolano. Por primera vez se comienza determinando los denominados *límites de la ciudad*, siguiendo el ejemplo del urbanismo norteamericano. El entonces Concejo Municipal del Distrito Libertador, elabora en 1954 la primera Ordenanza sobre Arquitectura, Urbanismo y Construcciones en General[44], la primera de su tipo en Iberoamérica.

---

[42]   Véase Cánova González, Antonio; Herrera Orellana, Luis Alfonso y Anzola Spadaro, Karina. *¿Expropiaciones o Vías de Hecho? (La degradación continuada del derecho fundamental de propiedad en la Venezuela actual)*. FUNEDA-Universidad Católica Andrés Bello, Caracas, 2009, pp. 64-66.

[43]   Publicada en Gaceta Oficial de los Estados Unidos de Venezuela, n° 22.458 de fecha 06-11-1947.

[44]   Al respecto, véase los comentarios de Torrealba Narváez, Luis. *Aspectos jurídicos del urbanismo en Venezuela. Estudio crítico y anteproyecto de Ley de Urbanismo*. Fondo Editorial Común, Caracas, 1970, pp. 17-20. El Ingeniero Pedro Pablo Azpúrua, en su estudio introductorio incluido dentro del trabajo del profesor Allan Brewer-Carías, "Urbanismo y Propiedad Privada". Editorial Jurídica Venezolana, Caracas, 1980, p. 24 señala lo siguiente en relación a esta Ordenanza: "(…) *Se ha dado especial relevancia a la Ordenanza y Planos de Zonificación para Caracas, por haber sido la primera de su tipo elaborada en Iberoamérica. Sometida a consideración del Concejo Municipal del Distrito Federal, previa aprobación de la Comisión Nacional de Urbanismo, en abril de 1954, y de la Asamblea del*

El texto nos estrena en terminología desconocida del argot jurídico venezolano, tales como <Planes Regulares>, <Oficinas Municipales de Planeamiento Urbano (OMPU)>, <Clasificación de vías urbanas>, <Permisos de Construcción>, <Áreas y limitaciones para las construcciones>, etc. También se incluyen mejoras y se vislumbra la naciente tributación urbanística. Ejemplo de ello representa la entonces Ordenanza sobre Impuesto de Casas, Otros Edificios y Terrenos sin Construir[45] del Concejo Municipal de Libertador del Distrito Federal, que empleó el término <urbanizadores> y <zonas de la ciudad>, aportando una técnica legislativa desconocida hasta entonces.

c. *Distribución contemporánea de las Competencias en ordenación urbanística*

Dentro de este tiempo si bien se instala el imaginario de una República que en materia urbanística puede interferir y hasta sustituirse en el Municipio; formalmente la Constitución de 1947[46] determinará el régimen vigente sobre distribución competencial en materia urbanística. De esta manera, la República asumirá "(...) *Todo lo relativo al establecimiento, coordinación y unificación de normas y procedimientos técnicos para el proyecto y ejecución de obras de ingeniería, de arquitectura y urbanismo, y a la creación y funcionamiento de los organismos correspondientes (...)*"[47]. Al Municipio, que en dicho texto constitucional se le bautizó como Poder Municipal materializado bajo el mote de Distrito[48], se le encargará como competencia exclu-

---

Colegio de Ingenieros, fue aprobada por el Concejo Municipal en agosto de 1958, previo análisis de una Comisión Especial (...)".

45 Publicada en Gaceta Municipal del Distrito Federal, n° 7.203, de fecha 10-10-1950.

46 Publicada en Gaceta Oficial de los Estados Unidos de Venezuela, extraordinario, n° 194 de fecha 30-07-1947.

47 Artículo 138, numeral 15 de la Constitución de 1947.

48 Artículo 109 de la Constitución de 1947 "(...) *El Poder Municipal lo ejercerá en cada Distrito de los Estados, en el Distrito Federal y en los Territorios Federales, el Concejo Municipal, que gozará de plena autonomía en lo que concierne al régimen*

siva "(...) *Fomentar y encauzar el urbanismo con arreglo a las normas que establezca la ley y en coordinación con los organismos técnicos nacionales (...)"*[49].

Este sistema peculiar de distribución de competencias, establecido por el Constituyente de 1947 y que ha de mantenerse hasta nuestros días, implica conferir a la República todo lo relativos al componente técnico-normativo en materias de urbanismo, arquitectura, ingeniería y áreas afines. Será una suerte de mecanismo competencial de *estandarización*, quizá previniendo las claras diferencias entre los Distritos de aquella época, donde casi el 90% del territorio nacional era de naturaleza rural. En cambio, al Distrito (Municipio) se le otorgaría la responsabilidad exclusiva de todo lo concerniente a lo que se conoce dentro del Derecho urbanístico como *Disciplina Urbanística*[50].

Para 1957, cuando buena parte de los proyectos diseñados desde la mesa de la Comisión Nacional Urbanismo habían alcanzado un grado avanzado de ejecución, otros problemas derivados de ese nuevo cariz urbano tensionan la estructura visualizada en 1946. El Ministerio de Obras Públicas (MOP) se transforma en el músculo gubernamental que construye ciudades para una Venezuela que comienza a disfrutar de las bondades de la vida urbana. Su redimensión fue precisada en el artículo 22, ordinal 11 del entonces vigente Estatuto Orgánico de Ministerios[51].

---

económico y administrativo de la Municipalidad, sin otras restricciones que las establecidas por esta Constitución (...)".

[49] Artículo 112, numeral 4 de la Constitución de 1947.

[50] Véase Parejo Alfonso, Luciano. *La Disciplina Urbanística*. IUSTEL, Madrid, 2012. Carceller Fernández, Antonio. *Derecho urbanístico sancionador*. Atelier, Barcelona, 2004.

[51] Publicado en Gaceta Oficial de los Estados Unidos de Venezuela, n° 23.418 de fecha 30-12-1950.

Por otra parte, junto al MOP, juega un papel activo en el proceso de promoción de la vivienda pública, el Banco Obrero[52], que fungirá como ente de intermediación financiera para la adquisición de aquéllas.

B. *La estrategia reglamentaria centralizadora (1958-1982)*

Con la primera reforma administrativa de 1957, el Ejecutivo Nacional decide a través del Decreto Reglamentario nº 547[53], la "*(…) inexistencia desde el 1º de julio de 1957, inclusive, la Comisión Nacional de Urbanismo, y sus funciones y atribuciones pasarán a ser desempeñadas por el Ministerio de Obras Públicas, al cual quedan adscritos los bienes de dicha Comisión (…)*". El Decreto da fin al organismo que nos introdujo en las tendencias modernas globales sobre la nueva ciencia urbanística, transformando con sus proyectos y planes, la imagen de la Venezuela rural por otra más urbana apegada al esquema funcionalista anglosajón[54].

Coincidencialmente, el fin de la Comisión Nacional de Urbanismo confluyó con la introducción del sistema democrático representativo, que edificará un Estado Centralizado de Partidos[55] donde la esfera urbanística no escapará de las ofertas políticas del momento. Sin embargo, es necesario hacer mención a una suerte de *transitoriedad jurídica* presente en el bienio 1958-1960, que allanará el camino de novísimos textos normativos. Entre 1958 y 1960, el Poder Ejecutivo Nacional introduce los rasgos característicos de la normatividad urbanística que se mantendrá como eje histórico hasta 1983.

Se aprueban leyes en materias conexas al urbanismo que son consecuencias de los estudios acumulados por los expertos formados a lo largo de una década por la anterior Comisión Nacional de Urbanismo.

---

[52] Creado mediante la Ley del Banco Obrero, publicada en Gaceta Oficial de los Estados Unidos de Venezuela, nº 20.570 de fecha 20-08-1941.

[53] Publicado en Gaceta Oficial de la República de Venezuela, nº 25.392 de fecha 27-06-1957.

[54] Almandoz Marte, Arturo. *Ob. Cit.*, p. 205.

Instrumentos normativos que comienza por la propia Ley de Ejercicio de la Ingeniería, la Arquitectura y Profesiones Afines[56], la Ley de Propiedad Horizontal[57], la Ley de Venta de Parcelas[58] y la Ley de Regulación de Alquileres[59]. Todos estos textos legales buscan regular los nuevos mecanismos sobre el suelo urbanizado y las nuevas formas de convivencia materializada a través del condominio de propiedad horizontal.

En cuanto a los actos sub-legales, primero, desde la Junta de Gobierno, luego la Presidencia de la República o los diferentes despachos ministeriales se dictan actos administrativos que coadyuvarán con la transición hacia una normatividad urbanística más decantada. Estos documentos serán:

- Decreto n° 492 de la Junta de Gobierno, mediante el cual se dicta el Decreto de Coordinación de las Actividades del Ejecutivo en materia de Desarrollo Social y Económico[60]. Este instrumento centró su atención en las diferentes modalidades de planificación pública, resaltando las atinentes al mejoramiento urbanístico y social de la población.

- Decreto n° 497 de la Junta de Gobierno, mediante el cual se dicta el Decreto Relativo a Remoción de Tierras, Deforestación y Arbolado en Zonas Urbanizadas[61].

- Decreto n° 544 de la Junta de Gobierno, mediante el cual se dicta el Decreto relativo a la aplicación de las disposiciones

---

56   Publicada en Gaceta Oficial de la República de Venezuela, n° 25.822 de fecha 26-11-1958.

57   Publicada en Gaceta Oficial de la República de Venezuela, n° 25.760 de fecha 15-09-1958.

58   Publicada en Gaceta Oficial de la República de Venezuela, n° 26.428 de fecha 09-12-1960.

59   Publicada en Gaceta Oficial de la República de Venezuela, n° 26.319 de fecha 08-01-1960.

60   Publicado en Gaceta Oficial de la República de Venezuela, n° 25.850 de fecha 30-12-1958.

legales y reglamentarias relacionadas con el Decreto n° 317 de fecha 10-07-1958, en materia de sanidad e instalaciones sanitarias[62].

a. La estrategia reglamentaria nacional: una transitoriedad que se transformó en carácter definitiva

Una vez el período constitucional 1959-1964, así como, estrenada la Constitución de 1961 que otorga una nueva arquitectura al Municipio venezolano[63]; el uso de los Reglamentos nacionales, instructivos presidenciales y resoluciones ministeriales para regular aspectos propios del urbanismo termina por consolidarse ante una Venezuela que iniciaba pujante la década de los 60. El Estado venezolano va tecnificándose hasta lograr motorizar un modelo de sociedad emergente cada vez más urbana. En la paradoja, y muy a pesar del clamor profesional desde la década de los 40, NO SE CONCRETARÁ UN INSTRUMENTO LEGAL ÚNICO DEL URBANISMO, sino que abusará de la potestad reglamentaria y las nuevas formas de actos administrativos para regular la cada vez más precisa actividad urbanística.

En cuanto a leyes del período tenemos, regulatorias de materias dispersas:

---

[62] Publicado en Gaceta Oficial de la República de Venezuela, n° 25.866 de fecha 19-01-1959.

[63] La exposición de motivos de la Constitución de 1961 señalaba en cuanto al tema del nuevo Municipio lo siguiente: "(…) *La aspiración del proyecto –Constitución- es la de permitir diferentes regímenes para la organización, gobierno y administración de los Municipios, atendiendo a las condiciones de población, de desarrollo económico, situación geográfica y otros factores de igual importancia. Se desea poner fin a la uniformidad a que se ha querido someter la vida municipal al establecerse reglas idénticas para entidades cuya estructura real y cuya importancia presentan notables diferencias (…)*" Congreso de la República de Venezuela. "Exposición de Motivos del Proyecto Constitucional de 1961". En: *Revista de la Facultad de Derecho*, Universidad Central de Venezuela, n° 21, Caracas 1961, p. 378.

- Ley que autoriza al Ejecutivo Nacional a ejecutar un Plan Básico de Inversiones en Vialidad durante el período 1971-74[64].

- Ley de Reforma Parcial de la Ley que autoriza al Ejecutivo Nacional a ejecutar un Plan Básico de Inversiones en Vialidad durante el Período 1971-74[65].

- Ley sobre Conservación y Mantenimiento de las Obras e Instalaciones Públicas[66].

- Ley de Nacionalización y Coordinación de los Servicios de Recolección y Tratamiento para Residuos, Desechos y Desperdicios en el Área Metropolitana de Caracas[67].

- Ley sobre Normas Técnicas y Control de Calidad[68].

- Ley de los Sistemas Metropolitanos de Transporte[69].

De este tiempo debemos resaltar -siguiendo la exposición de la profesora Aguerrevere[70]- que a pesar de la no concreción de una Ley General de Urbanismo, se elaboraron los siguientes proyectos de la citada ley nacional, siendo el germen de la vigente Ley Orgánica de Ordenación Urbanística:

- Proyecto de Ley de Urbanismo, presentado por la Dirección de Planeamiento del Ministerio de Obras Públicas (1965).

---

64   Publicada en Gaceta Oficial de la República de Venezuela, extraordinario, n° 1.480 de fecha 20-08-1971.
65   Publicada en Gaceta Oficial de la República de Venezuela, extraordinario, n° 1.555 de fecha 30-11-1972.
66   Publicada en Gaceta Oficial de la República de Venezuela, n° 30.483 de fecha 26-08-1974.
67   Publicada en Gaceta Oficial de la República de Venezuela, n° 31.047 de fecha 17-08-1976.
68   Publicada en Gaceta Oficial de la República de Venezuela, extraordinario, n° 2.529 de fecha 31-12-1979.
69   Publicada en Gaceta Oficial de la República de Venezuela, extraordinario, n° 3.155 de fecha 29-04-1983.
70   Aguerrevere, Dolores. *Ob. Cit.*, p. 1196.

- Proyecto de Ley de Urbanismo, elaborado por los Arquitectos Omer Lares y Rolando Hernández, Economista Luis Pérez Barreto y Abogado Germán Maya Peña (1966).

- Proyecto de Ley Orgánica de Desarrollo Urbano y Ordenación del Territorio, elaborado por la Dirección de Planeamiento del Ministerio de Obras Públicas (1968 y 1969).

- Proyecto de Ley Orgánica de Urbanismo, elaborado por el Abogado Luis Torrealba Narváez (1970)

- Proyecto de Ley de Ordenación Territorial y Urbana, elaborada por la Comisión Ad-honorem designada por el Ministerio de Obras Públicas y el Ministro de Estado para la Vivienda (1970).

- Proyecto de Ley Orgánica de Ordenación Urbanística, elaborada por el Ministro de Estado para la Vivienda y Desarrollo Urbano (1972).

- Proyecto de Ley de Ordenación Urbanística, elaborada por el Núcleo de Ordenamiento Territorial y Legislación del IX Congreso Venezolano de Ingeniería (1974).

- Anteproyecto de Ley de Ordenación Urbanística, elaborado por la Comisión Ad-honorem del Ministerio de Obras Públicas (1975).

- Bases para el proyecto de Ley de Ordenación Urbanística, elaborado por el profesor Allan R. Brewer-Carías (1975).

De todos los anteproyectos y proyectos, ordenados una y otra vez por cada Ministro de Obras Públicas de turno, ninguno vería *fiat lux*, sino hasta la presentación del Proyecto de Ley Orgánica de Ordenación Urbanística elaborado por el Senado del extinto Congreso Nacional. Ahora bien, esta ausencia de ley nacional no impidió la proliferación desmesurada, sobre todo entre 1974-1979, de Decretos Presidenciales que prácticamente vendrían a regular materias que posteriormente en la LOOU de 1987 se incluirían con el consabido efecto legal.

a'. *Reglamentos e instructivos presidenciales*

Como respuesta a las exigencias ante una ciudad venezolana más compleja y con las invenciones propias de la revolución del transporte aéreo, las normas internacionales en materia de convivencia humana, así como, la referida a materiales de construcción y formas edificatorias; implicó una frenética elaboración de Reglamentos Nacionales. También, desde 1972, dado el Programa de las Naciones Unidas para el cuidado del Medio Ambiente, se incluyó dentro de la disciplina regulaciones precisas en relación a emisiones de gases contaminantes, manejo de desechos sólidos y vertidos sobre cuerpos de agua.

a.- Período constitucional 1969-1974: Presidente Dr. Rafael Caldera Rodríguez:

- Decreto N° 159: *Reglamento de la Ley del Banco Obrero*[71].

- Decreto N° 422: *Reglamento sobre el uso de explosivos en zonas urbanas*[72].

- Decreto N° 540: *Reglamento Orgánico del Ministerio de Obras Públicas*[73].

- Decreto N° 1.096: *Reglamento sobre Clínicas de Hospitalización, Hospitales, Casas de Salud, Sanatorios, Enfermerías y Similares*[74].

- Decreto N° 1.103: *Reglamento de utilización de Obras Públicas Nacionales de Canalización*[75].

---

[71] Publicado en Gaceta Oficial de la República de Venezuela, n° 29.037 de fecha 02-10-1969.

[72] Publicado en Gaceta Oficial de la República de Venezuela, n° 29.359 de fecha 03-11-1970.

[73] Publicado en Gaceta Oficial de la República de Venezuela, n° 29.438 de fecha 11-02-1971.

[74] Publicado en Gaceta Oficial de la República de Venezuela, n° 29.912 de fecha 21-09-1972.

[75] Publicado en Gaceta Oficial de la República de Venezuela, n° 29.933 de fecha 17-10-972.

- Decreto N° 1.639: *Reglamento de la Zona Protectora del Área Metropolitana de Caracas*[76].

- Decreto N° 16: Por el cual se crea en el Banco Obrero un *Departamento para la Urbanización y Equipamiento de Barrios*[77].

- Decreto N° 1.522: *Por el cual se dispone que todo contrato de edificación pública que realice el Ejecutivo Nacional, los organismos autónomos de la Administración Pública Nacional y las empresas del Estado se incluirá una partida para contratar obras de arte ejecutadas por artistas nacionales o por extranjeros residentes el país, destinadas a servir de ornato en la edificación de que se trate*[78].

- Instrucción N° 2: *Por la cual el Banco Obrero, la Fundación para el Desarrollo de la Comunidad y Fomento Municipal, la División de Vivienda Rural del Ministerio de Sanidad y Asistencia Social, y los Institutos y establecimientos públicos que de alguna manera intervienen en la elaboración y ejecución de programas relacionados con la construcción de viviendas, deberán suministrar al Ministro de Estado todos los datos e informaciones sobre aquellos Programas de Vivienda de interés social que para la fecha de existan*[79].

b.- Período constitucional 1974-1979: Presidente Sr. Carlos Andrés Pérez Rodríguez:

La primera administración del Presidente Pérez facilitará la tecnificación nunca vista del urbanismo en nuestro país.

---

[76] Publicado en Gaceta Oficial de la República de Venezuela, n° 30.345 de fecha 06-03-1974.

[77] Publicado en Gaceta Oficial de la República de Venezuela, n° 28.878 de fecha 20-03-1969.

[78] Publicado en Gaceta Oficial de la República de Venezuela, n° 30.267 de fecha 28-11-1973.

[79] Publicada en Gaceta Oficial de la República de Venezuela, n° 29.373 de fecha 19-11-1970.

A pesar de la centralización administrativa característica de la época, se asume las más avanzadas técnicas de zonificación empleadas en las urbes del primer mundo[80]. Caracas, así como el resto de las capitales de las entidades federales, asumirán el concepto protagónico del *Plan Rector y Ordenanzas de Zonificación*, que si bien durante la administración del Presidente Caldera[81] habían sido implementados en casi todo el territorio urbano nacional más no habían sido estandarizados con una metodología definitiva.

Por otra parte, se elimina el Ministerio de Obras Públicas para dar paso a los flamantes Ministerio de Desarrollo Urbano (MINDUR) y el Ministerio del Ambiente y Recursos Naturales Renovables (MARNR), éste último, el primero de su tipo en toda Latinoamérica.

Los decretos presidenciales más emblemáticos en materia urbanística serán:

- Decreto N° 46: *Reglamento sobre Prevención de Incendio*[82].

- Decreto N° 1.986: *Reglamento de Avances o Anticipos*[83].

---

[80] Sobre la historia y evolución de la Zonificación como técnica (Zoning), véase Guerrero Manso, Carmen de. *La Zonificación de la Ciudad: Concepto, Dinámica y Efectos*. Thomson Reuters Aranzadi, Pamplona, 2012, pp. 34-50.

[81] Existe un dato que debemos tomar en cuenta en relación al concepto e implementación del Plan Rector. En el último mensaje a la Nación, en 1973, el Presidente Caldera señaló: "(...) *La elaboración de planes reguladores y de esquemas de desarrollo urbano se ha considerado materia de urgencia. En marzo de 1969; sólo existían para 16 localidades; en 1973 se había concluido la elaboración de normas de ordenamiento urbano para doscientas siete localidades, que representan el 93% de la población urbana del país* (...)" Caldera, Rafael. *Cuentas ante el país. Mensaje del Ciudadano Presidente de la República y exposiciones de los Ministros del Gabinete, ante el Congreso Nacional, en el cuarto año de gobierno*. Oficina Nacional de Información, Caracas, 1973, pp. 36-38.

[82] Publicada en Gaceta Oficial de la República de Venezuela, n° 30.375 de fecha 16-04-1974.

[83] Publicada en Gaceta Oficial de la República de Venezuela, n° 31.145 de fecha 04-10-1977.

- Instrucción mediante la cual establecen los *lineamientos para la ejecución de un Programa Extraordinario de Construcción, Mejoras, Mantenimiento y Dotación de Servicios Públicos en los Estados y Territorios Federales*[84].

- Instrucción N° 22: *Normas que Regirán para la Política de Incorporación de Áreas Suburbanas y Rurales a las Actividades Urbanas, Cónsonas con el Programa Único de Inversiones en Infraestructura y Equipamiento*[85].

- Instructivo N° 29: *Normas que deberán acatar los Ministros, Gobernadores y Presidentes de Institutos Autónomos, en relación a la Planificación, Ejecución y Coordinación de los Centros de Servicios Comunales (Módulos de Servicios)*[86].

- Instructivo N° 31: *Normas para los órganos de la Administración Pública, a fin de que se dé estricto cumplimiento a las disposiciones legales y técnicas que se han promulgado sobre materia de incendio*[87].

- Decreto N° 65: *Norma que dispone que los ascensores que se encuentren instalados y en servicio, así como los que se instalen en cualquier tipo de inmueble, deberán ser operados por personas dedicadas exclusivamente a esa tarea. se exceptúan de esta disposición los ascensores instalados en inmuebles vendidos por el sistema de propiedad horizontal dedicados a vivienda*[88].

---

[84] Publicado en Gaceta Oficial de la República de Venezuela, n° 30.416 de fecha 05-06-1974.

[85] Publicado en Gaceta Oficial de la República de Venezuela, n° 30.962 de fecha 13-04-1976.

[86] Publicada en Gaceta Oficial de la República de Venezuela, n° 31.172 de fecha 10-02-1977.

[87] Publicada en Gaceta Oficial de la República de Venezuela, n° 31.265 de fecha 28-06-1977.

[88] Publicado en Gaceta Oficial de la República de Venezuela, n° 30.385 de fecha 29-04-1974.

- Decreto N° 53: *Creación Comisión ad-honorem para el estudio, formulación e instrumentación de un programa para el ordenamiento de las áreas ocupadas por los barrios pobres, de las ciudades del país*[89].

- Decreto N° 332: *Creación del Programa para el Ordenamiento de las Áreas ocupadas por los Barrios Pobres de las ciudades del país*[90].

- Decreto N° 506: *Creación del Programa para el Equipamiento y consolidación de los Pequeños Centros Poblados*[91].

- Decreto N° 741: *Creación de la Comisión de Ordenamiento Urbano del Área Metropolitana de Caracas*[92].

- Decreto N° 761: *Creación del Consejo Nacional para el Equipamiento Físico del Territorio en la forma que en él se expresa*[93].

- Decreto N° 1.540: *Régimen sobre Estímulos a la Construcción de Viviendas, Locales y Edificaciones Educacionales, Asistenciales y Turísticos*[94].

- Decreto N° 2.186: *Declaratoria de primera necesidad el servicio de agua potable, el de recolección de aguas usadas y el de energía eléctrica*[95].

---

[89] Publicado en Gaceta Oficial de la República de Venezuela, n° 30.391 de fecha 07-05-1974.

[90] Publicado en Gaceta Oficial de la República de Venezuela, n° 30.472 de fecha 13-08-1974.

[91] Publicado en Gaceta Oficial de la República de Venezuela, n° 30.538 de fecha 30-10-1974.

[92] Publicado en Gaceta Oficial de la República de Venezuela, n° 30.615 de fecha 04-02-1975.

[93] Publicado en Gaceta Oficial de la República de Venezuela, n° 30.631 de fecha 25-02-1975.

[94] Publicado en Gaceta Oficial de la República de Venezuela, extraordinario, n° 1.874 de fecha 10-05-1976.

[95] Publicado en Gaceta Oficial de la República de Venezuela, n° 31.269 de fecha 04-07-1977.

- Decreto N° 2.228: *Determinación del precio de la venta primaria de viviendas, locales comerciales y oficinas, para cuya construcción se hayan concedido para la fecha del presente Decreto préstamos hipotecarios, no podrá exceder en más de un treinta por ciento del monto del avalúo que sirvió de base para dicho préstamo*[96].

- Decreto N° 2.210: *Normas de las actividades de instalación, mantenimiento y remoción de vallas, señales, carteles, dibujos, avisos luminosos o no, pancartas para fines publicitarios públicos o privados*[97].

- Decreto N° 2.614: *Creación de la Comisión Nacional de Coordinación del Desarrollo Urbanístico (CONDUR)*[98].

c.- Período constitucional 1979-1984: Presidente Dr. Luis Herrera Campíns:

La administración de Luis Herrera Campíns tuvo que lidiar con el agotamiento del modelo rentístico-petrolero. La desaceleración económica en puertas, sumado a la deuda pública externa, merman la capacidad de las arcas públicas para continuar con el agresivo plan de obras y de urbanización a lo largo del país. Decide poner en marcha los mecanismos para formalizar de una vez por todas los planes rectores heredados de la anterior presidencia. Además, será el primer presidente que decidirá introducir ante el Congreso Nacional una Ley nacional en materia urbanística, resultando primero, la Ley Orgánica para la Ordenación del Territorio (1983).

Los decretos más emblemáticos en materia urbanística serán:

---

[96] Publicado en Gaceta Oficial de la República de Venezuela, n° 31.273 de fecha 11-07-1977.

[97] Publicado en Gaceta Oficial de la República de Venezuela, n° 31.274 de fecha 12-07-1977.

[98] Publicado en Gaceta Oficial de la República de Venezuela, n° 31.452 de fecha 21-03-1978.

- Decreto N° 214: *"Régimen sobre Estímulos a los Programas de Urbanización y a la Promoción de Viviendas"* [99].

- Decreto N° 370: *Reglamento N° 5 de la Ley Orgánica del Ambiente, Relativo a Ruidos Molestos o Nocivos* [100].

- Decreto N° 473: *Normas de coordinación de las actividades e inversiones de los organismos públicos en materia de prestación de servicios urbanos y construcción de viviendas en el Área Metropolitana* [101].

- Decreto N° 688: *Normas para el Desarrollo y Control de Urbanizaciones* [102].

- Decreto N° 753: *Creación del Comité Metropolitano de Vivienda y Renovación Urbana* [103].

- Decreto N° 754: *Creación del Comité Metropolitano de Transporte Urbano* [104].

- Decreto N° 1.444: *Creación con carácter permanente la Comisión Nacional de Tierras Urbanas, la cual tendrá por objeto coordinar la obtención de información relacionada con las tierras urbanizables, sistematizar y mantener la información obtenida, asesorar a los organismos competentes en la escogencia de las tierras aptas para el desarrollo urbano, en función de las oportunidades, prioridades y conveniencias, de acuerdo a las políticas y planes urbanísticos existentes, y evaluar las decisiones* [105].

---

[99] Publicado en Gaceta Oficial de la República de Venezuela, n° 31.789 de fecha 01-08-1979.

[100] Publicado en Gaceta Oficial de la República de Venezuela, extraordinario, n° 2.519 de fecha 07-12-1979.

[101] Publicado en Gaceta Oficial de la República de Venezuela, n° 31.892 de fecha 28-12-1979.

[102] Publicado en Gaceta Oficial de la República de Venezuela, n° 32.018 de fecha 03-07-1980.

[103] Publicado en Gaceta Oficial de la República de Venezuela, n° 32.069 de fecha 16-09-1980.

[104] Publicado en Gaceta Oficial de la República de Venezuela, n° 32.069 de fecha 16-09-1980.

[105] Publicado en Gaceta Oficial de la República de Venezuela, n° 32.436 de fecha 18-03-1982.

- Decreto N° 1.798: *Normas sobre Clasificación de Establecimientos de Atención Médica del Subsector Público*[106].

- Decreto N° 2.001: *Normas de los estímulos que se otorgarán a las personas que efectúen inversiones para la conservación, defensa y mejoramiento del ambiente*[107].

b'. *Resoluciones Ministeriales*

No sólo a nivel presidencial proliferaron normas urbanísticas. Los Ministerios, tras un proceso de centralización administrativa suficientemente explicado, procedieron a la creación normativa dentro del ramo de su competencia.

a. Ministerio de Obras Públicas (1958-1976):

- *Normas de Licitación y Contratación de Obras del Metro de Caracas*[108].

- *Resolución por la cual se pone en vigencia el Manual de Organización del Ministerio de Obras Públicas, a partir del 31 de mayo de 1971*[109].

- *Resolución por la cual se crea una Comisión ad-honorem y de carácter temporal, para la elaboración de un Ante-Proyecto de Ley de Ordenación Urbanística, que comprenda las regulaciones nacionales del urbanismo e integre las acciones nacionales, regionales y locales en lo pertinente y de un Ante-Proyecto de Ley para la Coordinación de las distintas jurisdicciones existentes dentro del Área Metropolitana de Caracas, según lo establecido en el artículo 11 de la Constitución*[110].

---

[106] Publicado en Gaceta Oficial de la República de Venezuela, n° 32.650 de fecha 21-01-1983.

[107] Publicado en Gaceta Oficial de la República de Venezuela, n° 32.798 de fecha 26-08-1983.

[108] Publicada en Gaceta Oficial de la República de Venezuela, n° 29.514 de fecha 21-05-1971.

[109] Publicada en Gaceta Oficial de la República de Venezuela, n° 29.523 de fecha 01-06-1971.

[110] Publicada en Gaceta Oficial de la República de Venezuela, n° 30.650 de fecha 19-03-1975.

- *Resolución por la cual se establecen las Condiciones Generales de Contratación para Estudios y Proyectos[111].*

b. Ministerio de Desarrollo Urbano-MINDUR (1977-1982)

- *Reglamento Interno del Ministerio del Desarrollo Urbano[112].*

- *Resoluciones por las cuales se ordena la reedición de las Normas para Proyecto y Construcción de Edificios, Concreto Precomprimido, Normas para las Mediciones de Edificios, Instrucciones para Instalaciones Sanitarias de Edificios, Especificaciones Generales para la Construcción de Edificios y las Instrucciones para elaboración de planos para Edificios, segunda parte[113].*

- *Resolución por la cual se ordena la reproducción de cuatro mil ejemplares de la publicación "Normas para Proyecto y Construcción de Edificios, Concreto Precomprimido"[114].*

- *Resolución por la cual se dictamina como Oficial la edición del Manual de Vialidad Urbana[115].*

- *Resolución sobre condiciones mínimas requeridas para la autorización de nuevas ciudades[116].*

- Resolución por la cual se dictan Normas y Procedimientos Técnicos para las Autorizaciones Administrativa[117].

---

[111] Publicada en Gaceta Oficial de la República de Venezuela, n° 30.786 de fecha 04-09-1975.

[112] Publicada en Gaceta Oficial de la República de Venezuela, extraordinario, n° 2.012 de fecha 12-04-1977.

[113] Publicada en Gaceta Oficial de la República de Venezuela, n° 31.423 de fecha 08-02-1978.

[114] Publicada en Gaceta Oficial de la República de Venezuela, n° 31.796 de fecha 10-08-1979.

[115] Publicada en Gaceta Oficial de la República de Venezuela, n° 32.374 de fecha 14-12-1981.

[116] Publicada en Gaceta Oficial de la República de Venezuela, n° 32.770 de fecha 19-07-1983.

[117] Publicada en Gaceta Oficial de la República de Venezuela, n° 32.873 de fecha 13-12-1983.

- Resolución por la cual se dispone que se tenga como oficial la edición de las "Normas para la Aplicación de Estándares Urbanísticos", elaboradas por la Dirección General Sectorial de Desarrollo Urbanístico de este Ministerio[118].

Desde 1980 y hasta 1983, MINDUR dictará las resoluciones donde se aprueban los Planes Rectores de Desarrollo Urbano de las Áreas Metropolitanas de Acarigua-Araure, el Eje Cabimas-Ciudad Ojeda-Mene Grande, Mérida-Ejido, Charallave, Cúa, Ocumare del Tuy, La Asunción, Caicara del Orinoco, Ospino, Villa de Cura, Aroa, Chivacoa, Yaritagua, San Felipe-Cocorote, Valle de la Pascua, Agua Blanca, San Antonio-Ureña-Aguas Calientes, Punto Fijo-Los Taques, Puerto Cabello-Morón, Barcelona-Puerto La Cruz, El Tigre-San José de Guanipa, Píritu-Puerto Píritu, Barinitas, San Joaquín-Mariara, Sector Panamericana-Los Teques, Carora, Quíbor, Barquisimeto-Cabudare, Cumanacoa, Temblador, San Carlos de Cojedes, Tinaquillo, Puerto Ayacucho (Amazonas), Caucagua, Ciudad Fajardo y Trujillo.

Las Resoluciones traerán consigo como anexos la introducción de las denominadas <<*normas gráficas*>>, en las cuales, los planos, gráficos, dibujos y cuadros adquieren el carácter normativo como alguna vez lo determinara la Sentencia de la Corte Primera de lo Contencioso Administrativo (14-04-1997. Caso: *Electricidad de Caracas Vs. Ordenanza de Zonificación de Chacao de 1975*). Será el último tramo de la etapa histórica bajo análisis donde el Ministerio de Desarrollo Urbano establecerá lo más avanzado en planificación urbana para buena parte de las ciudades de mediana y gran magnitud poblacional. También, como parte de la política de sustitución normativa de los Municipios, MINDUR mediante Resolución, aprobarán las Ordenanzas de Áreas Especiales del Distrito Sucre del estado Miranda[119], la de Zonificación de la ciudad de San

---

[118] Publicada en Gaceta Oficial de la República de Venezuela, n° 32.901 de fecha 20-01-1984.

[119] Publicada en Gaceta Oficial de la República de Venezuela, n° 32.325 de fecha 02-10-1981.

Juan de Colón (Distrito Ayacucho del estado Táchira)[120], la de Zonificación del Sector Sureste del Distrito Sucre del estado Miranda[121], la de Zonificación del Sector Los Mariches del Distrito Sucre del estado Miranda[122] y la de Zonificación General del Distrito Sucre del estado Miranda[123].

De otros Ministerios resaltan las siguientes Resoluciones:

- Ministerio de Sanidad y Asistencia Social (MSAS):

Resolución por la cual se prohíbe depositar, botar o abandonar toda clase de desperdicios[124], las Normas Sanitarias para el Agua Potable[125] y las Normas para la tramitación de Solicitudes para Urbanizar[126].

- Ministerio de Transporte y Comunicaciones (MTC):

Resolución que declara oficial las ediciones del Manual "Alcantarillas de Una Celda-Muros en Ala 30° y Losas de Entrada y Salida"[127], y "Alcantarillas de Dos Celdas-Muros en Ala de 45° y Losas de Entrada y Salida". El Vocabulario Vial Venezolano que incorpora al país a la nueva jerga de identificación y señalización del sistema de vialidad urbana[128].

---

[120] Publicada en Gaceta Oficial de la República de Venezuela, n° 32.365 de fecha 01-12-1981.

[121] Publicada en Gaceta Oficial de la República de Venezuela, n° 32.442 de fecha 26-03-1982.

[122] Publicada en Gaceta Oficial de la República de Venezuela, n° 32.404 de fecha 29-01-1982.

[123] Publicada en Gaceta Oficial de la República de Venezuela, n° 32.879 de fecha 21-12-1983.

[124] Publicada en Gaceta Oficial de la República de Venezuela, n° 30.450 de fecha 18-07-1974.

[125] Publicada en Gaceta Oficial de la República de Venezuela, n° 31.963 de fecha 15-04-1980.

[126] Publicada en Gaceta Oficial de la República de Venezuela, n° 32.117 de fecha 24-11-1980.

[127] Publicada en Gaceta Oficial de la República de Venezuela, n° 31.225 de fecha 02-05-1977.

[128] Publicada en Gaceta Oficial de la República de Venezuela, n° 31.225 de fecha 02-05-1977.

También el MTC reguló el régimen de los servicios de taxis y carros libres, ordenando la incorporación del taxímetro en el Área Metropolitana de Caracas[129].

Como novedad en América Latina, durante el período estudiado se creó el primer ministerio con competencia exclusiva como ente regulador del ambiente. El extinto MARNR llevará la delantera en cuanto a reglas urbanísticas para el control ambiental. Se habla por primera vez del concepto *Certificación Urbanística Nacional*[130], modernizándose las *Normas Técnicas para la Construcción de Obras de Acueductos y Alcantarillados a nivel urbano*[131], las regulaciones sobre la infraestructura especializada para el tratamiento de aguas servidas[132] en las diferentes cuencas donde se ubican las principales ciudades del país, así como la actualización de las Normas para Movimiento de Tierra y de Conservación Ambiental con fines urbanísticos[133].

Como ha podido apreciarse en esta apretada auditoría normativa entre 1958 hasta 1983, la proliferación de reglas, aunado a un Estado con profesionales competentes sobre el ramo, nos hizo alcanzar la ilusión que habíamos logrado alcanzar al desarrollo. Podríamos en este tiempo hablar con toda propiedad de un rudimentario Derecho urbanístico venezolano, cincelado con las más avanzadas técnicas normativas del momento. Esta avalancha de leyes, decretos, resoluciones y actos administrativos edificarán una compleja red de normas que por su ambiciosa y muchas veces improvisada tendencia a controlar todo, termina generando un caos por la

---

129   Publicada en Gaceta Oficial de la República de Venezuela, n° 31.140 de fecha 05-01-1981.

130   Publicada en Gaceta Oficial de la República de Venezuela, n° 31.589 de fecha 09-10-1978.

131   Publicada en Gaceta Oficial de la República de Venezuela, n° 31.969 de fecha 23-04-1980.

132   Publicada en Gaceta Oficial de la República de Venezuela, n° 32.018 de fecha 03-07-1980.

133   Publicada en Gaceta Oficial de la República de Venezuela, n° 32.887 de fecha 02-01-1984.

dispersión reglamentaria. Normativamente el desgaste del modelo reglamentista se agotará con el Decreto n° 668 del Presidente Herrera (04.07.1980), que la realidad se encargaría de modificar, siendo objeto de fuertes críticas por expertos[134].

La nota negativa de este crecimiento exponencial de reglas urbanísticas, será el padecimiento del "Síndrome de la Permisería", donde las regulaciones se transforman en un viacrucis para el urbanizador, constructor o proyectista, dadas las exigencias muchas veces "non sanctas" para adecuar el proyecto con este derecho.

b. *La ejecución urbanística a través de la descentralización funcional o institucional*

Como hemos podido constatar, la aplicación de este entramado de reglas requirió una redimensión física de los órganos administrativos. Los viejos y nuevos ministerios se transformaron de ágiles entes burocráticos en pesados mamuts, donde la todopoderosa República de Venezuela ante el empuje de las Cien mil casas por año (1970), la democracia con energía (1974) y el VI Plan de la Nación (1979); queda postrada hasta llegar muchas veces al colapso.

La solución en boga de quienes tenían en su poder el control del aparato administrativo-urbanístico del Estado, era poner en marcha un ambicioso plan de *descentralización funcional*[135] en desmedro de la territorial. Surge entonces la figura del Instituto Autónomo potenciada en la Constitución de 1961. Los Institutos más significativos serán:

---

134 Véase Brewer-Carías, Allan R. "Comentarios a las Normas para el Desarrollo y Control de Urbanizaciones". En: *Revista de Derecho Público*. Editorial Jurídica Venezolana, n° 3, Caracas, 1980 (julio/septiembre), pp. 77-78.

135 Sobre el tema y literatura jurídica de la época, véase Caballero Ortiz, Jesús. "La descentralización funcional". En *Revista de Derecho Público*, n° 8, Editorial Jurídica Venezolana, Caracas, 1981, pp. 5-25. Garrido Rovira, Juan. "El Instituto Autónomo como forma jurídica de la Administración Pública Nacional Descentralizada en Venezuela". En: *Revista de Derecho Público*, n° 3, Editorial Jurídica Venezolana, Caracas, 1980, pp. 23-39.

- Instituto Autónomo Nacional de Parques (INPARQUES)[136].

- Instituto Nacional de la Vivienda (INAVI)[137].

- Instituto Municipal de Aseo Urbano (IMAU)[138].

Al mismo se conciben otras formas centralizadoras como las Corporaciones Regionales de Desarrollo, éstas últimas, sembradas a lo largo y ancho de la geografía nacional como mecanismo de Regionalización introducidas entre 1970 y 1972. También se desconcentrará el Estado por medio de Fondos patrimoniales especializados como es el caso de FONTUR[139] y FEDE[140]. Las Fundaciones Públicas dedicadas al estudio del fenómeno municipal y por ende urbano, como había sido la Fundación para el Desarrollo de la Comunidad y Fomento Municipal (FONDOCOMUN), creada en 1962, terminaría sobredimensionándose en 1974[141].

En cuanto a los Municipios, verán nacionalizarse su régimen jurídico cuando en 1978 se concrete la primera Ley Orgánica de Régimen Municipal[142].

---

[136] Ley de creación publicada en Gaceta Oficial de la República de Venezuela, n° 30.223 de fecha 05-10-1973, reformada en Gaceta Oficial, extraordinario, n° 2.990 de fecha 21-07-1978.

[137] Ley de creación publicada en Gaceta Oficial de la República de Venezuela, extraordinario, n° 1.746 de fecha 13-05-1975.

[138] Ley de Nacionalización y Coordinación de los Servicios de Recolección y Tratamiento para residuos, desechos y desperdicios en el Área Metropolitana de Caracas. Publicada en Gaceta Oficial de la República de Venezuela, n° 31.407 de fecha 17-08-1976.

[139] Ley que crea el Fondo Nacional de Desarrollo Urbano (FONDUR). Publicada en Gaceta Oficial de la República de Venezuela, n° 30.790 de fecha 09-09-1975.

[140] Decreto Presidencial n° 1.555 mediante el cual se procede a constituir la Fundación de Edificaciones y Dotaciones Educativas (FEDE). Publicado en Gaceta Oficial de la República de Venezuela, n° 30.978 de fecha 11-05-1976.

[141] Decreto Presidencial n° 708, publicado en Gaceta Oficial de la República de Venezuela, n° 30.516 de fecha 30-07-1974.

[142] Publicada en Gaceta Oficial de la República de Venezuela, extraordinario, n° 2.297 de fecha 18-08-1978.

Esta ley, en crítica del profesor Brewer, no actualizó ni concretizó al Municipio democrático, sino que regularía con carácter nacional el régimen municipal urbano de la administración centralizada[143].

c. El inicio de los estudios especializados en ordenación urbanística

El impulso estatal de urbanización, trajo consigo la formación de un cuerpo profesional de primer nivel en las diferentes oficinas ministeriales, así como en los innumerables institutos autónomos creados en esta época. El florecimiento de un sector del pensamiento cualificado, aunada a la experiencia profesional, facilitó el abordaje de inquietudes académicas en el ramo. Específicamente hacemos mención a la aparición de las primeras publicaciones especializadas en régimen jurídico-urbanístico que, hasta el sol de hoy, seguirán siendo emblemáticas y de obligatoria consulta.

Todos los profesores que en su oportunidad escribieron o se encontraron al frente de los diferentes seminarios o cátedras, se encontraban vinculados al Instituto de Derecho Público de la Facultad de Derecho de la Universidad Central de Venezuela. La primera publicación aparece en 1970, cuyo autor es el abogado Luis Torrealba Narváez[144], que lleva por título Aspectos jurídicos del urbanismo en Venezuela. Poste-

---

[143] Véase Brewer-Carías, Allan R. *Instituciones políticas y constitucionales* ... Tomo II, p. 589.

[144] El profesor Allan Brewer-Carías, en 2012, escribió una reseña histórica de los aportes del profesor Torrealba Narváez dentro del Derecho administrativo [Véase *Consideraciones acerca de la jurisdicción contencioso-administrativa, su procedimiento, y algunas relaciones de éste con el de la jurisdicción judicial civil.* Colección Clásicos Jurídicos n° 2, Editorial Jurídica Venezolana, Caracas, 2012, pp. 9-12]. Destaca Brewer la labor no sólo académica en relación al compromiso del profesor Torrealba Narváez y el urbanismo, sino haber participado como concejal del Distrito Federal (1969-1974), presidiendo las Comisiones Metropolitana de Urbanismo (1970-1974) y la de Urbanismo del Concejo Municipal del Distrito Libertador (1968-1970). También, "La Planificación Urbana Local y sus principales problemas jurídicos actuales en Venezuela". En: *Revista de Derecho Público*, n° 4, Editorial Jurídica Venezolana, Caracas, (octubre/diciembre 1980), pp. 55-70.

rior al trabajo supra citado, saldrán de imprenta importantes obras de los profesores Allan Brewer-Carías[145], Antonio Moles Caubet[146], Armando Rodríguez García[147], Magdalena Salomón de Padrón[148], Gustavo Urdaneta Tronoconis[149], Antonio J. Macris[150], Nelson Geigel Lope-Bello[151], Oscar Gómez Navas[152], Omer Lares[153] y Rogelio Pérez Perdomo[154].

---

[145] Véase *El área metropolitana de Caracas y la Cooperación Intermunicipal en materia de Urbanismo*. Comisión de Administración Pública, Caracas, 1971, pp. 49-76. También, Urbanismo y *Propiedad Privada*. Editorial Jurídica Venezolana, Caracas, 1980. También, "Comentarios a las Normas para el Desarrollo y Control de Urbanizaciones dictadas por Decreto n° 668 de 3 de julio de 1980". En: *Revista de Derecho Público*, n° 3, Editorial Jurídica Venezolana, Caracas, (julio/septiembre 1980), pp. 77-78.

[146] Véase "Planificación y zonificación en el Área Metropolitana de Caracas". En: *Revista de Derecho Público*, n° 5, Editorial Jurídica Venezolana, Caracas, (enero/marzo 1981), pp. 27-36. "Régimen jurídico del urbanismo en Venezuela y su relación con la autonomía municipal". En: *AAVV. Derecho Urbanístico*. Instituto de Derecho Público de la Universidad Central de Venezuela, Caracas, 1983, pp. 485-512.

[147] Véase *Proceso urbano y municipio*. Editorial Jurídica Venezolana, Caracas, 1978.

[148] Véase *Aspectos jurídicos de la ordenación del territorio: su ámbito y medios de acción*. Editorial Jurídica Venezolana, Caracas, 1977. También Organización administrativa del urbanismo. En: AAVV. *Libro Homenaje al Profesor Antonio Moles Caubet*. Universidad Central de Venezuela, Caracas, 1981.

[149] Véase *La Ejecución del Urbanismo*. Editorial Jurídica Venezolana, Caracas, 1980. También "Consideraciones generales sobre las competencias urbanísticas en Venezuela". En: *Revista de Derecho Público*. N° 6, Editorial Jurídica Venezolana, Caracas, (abril/junio 1981), pp. 77-80.

[150] Véase *Texto ordenado de la legislación urbanística en Venezuela*. Ateneo de Caracas, Caracas, 1980.

[151] Véase *Autonomía municipal y urbanismo*. Instituto de Estudios Regionales y Urbanos de la Universidad Simón Bolívar, Caracas, 1972. También, *La defensa de la ciudad*. Editorial de la Universidad Simón Bolívar, Caracas, 1979.

[152] Véase *Administración municipal y urbanización en Venezuela*. Ediciones Equinoccio, Caracas, 1983.

[153] Véase Legislación urbanística comparada. Ediciones Fondo Común, Caracas, 1971. También, en colaboración con Alberto Morales Tucker, véase *Tipología, Instrumentos y Procedimientos para la aplicación de Planes de Desarrollo Urbanístico*. Ediciones Equinoccio, Caracas, 1980.

[154] Véase Política y ordenamientos jurídicos informales: notas para el estudio del Derecho de los asentamientos urbanos no regulados. En: *Libro Homenaje a Rafael Pizani*. Facultad de Ciencias Jurídicas y Políticas, Caracas, 1979, pp. 269-

Estos aportes doctrinales serán los primeros especializados, que fundamentarán la jurisprudencia de la flamante Corte Primera de lo Contencioso-Administrativa, creada en 1977 con la Ley Orgánica de la Corte Suprema de Justicia[155]. Esta época (1970-1982), es un tiempo de creación doctrinal abundante, cuyo culmen será el recordado *Seminario Internacional de Derecho Urbanístico* realizado en noviembre de 1980 como lo expone Brewer-Carías[156]. En este encuentro internacional participaron los más destacados profesores y profesionales de la materia, venezolanos y extranjeros no superado hasta entonces. Posterior a este tiempo, poco o casi nada se ha organizado en nuestra disciplina, salvo, los seminarios de los diferentes programas de especialización en Derecho Administrativo.

C. *El Plan Urbanístico como instrumento rector fundamental de normatividad urbanística (1983-2001)*

Llega la década de los 80 del siglo XX y con ella la crisis fiscal asoma con la paralización de la frenética actividad urbanística de la década pasada. Los problemas acumulados reducen el impulso del Estado para darle paso al promotor privado como motor de urbanización. Ante este escenario, la vía reglamentaria y la descentralización funcional como paradigma del Derecho urbanístico entra en crisis. En 1983, vistas las exigencias de tratadistas nacionales, e incluso, de reputados especialistas internacionales[157]; el Congreso Nacional

---

283. También, en colaboración con Pedro Nikken, Elizabeth Fassano y Marcos Vilera. *Derecho y propiedad de la vivienda en los barrios de Caracas*. Ediciones de la Facultad de Ciencias Jurídicas y Políticas, Caracas, 1979.

[155] Publicada en Gaceta Oficial de la República de Venezuela, extraordinario, n° 1.893 de fecha 03-07-1976.

[156] Véase *Presentación. AAVV. Derecho Urbanístico*. Instituto de Derecho Público de la Universidad Central de Venezuela, Caracas, 1983, p. 8.

[157] Moderne, Frank. *Necesidad y posibilidad de una Ley o de un Código de Urbanismo*. AAVV. *Derecho Urbanístico*. Instituto de Derecho Público de la Universidad Central de Venezuela, Vol. V, Caracas, 1983, pp. 513-523.

tras exhaustivas evaluaciones y reparos a varios proyectos aprueba la *Ley Orgánica para la Ordenación del Territorio*[158].

La ley contempló algunas novedades y puso cierto orden en algunos aspectos dudosos. Primeramente, el alcance de la ley estuvo destinado hacia la *ordenación territorial*, entendida ésta como política que tiende a ordenar y distribuir en el espacio, las actividades económicas y humanas en la forma más adecuada, teniendo en cuenta las aspiraciones individuales y colectivas y la protección de los recursos naturales[159]. Este cometido iba más allá de la mera ordenación urbana, ya que, en los tiempos de crisis económica la racionalización territorial se impone como política de Estado.

La ley fija los límites, formas, procedimientos y demás especificidades para elaborar un plan, que, a su vez, los concibe como un sistema jerarquizado a nivel nacional, regional y urbano. De allí las razones por las cuales hayamos bautizado este tiempo como el paradigma del Plan Urbanístico o la reducción del Derecho Urbanístico al Plan, que, en buena medida, a pesar de resultar a primera vista asfixiante, impuso orden ante la esquizofrenia jurídico-urbanística heredada del frenesí desarrollista de la Venezuela Saudita. Y ante la atomización que vivimos luego de 2011, que concordamos con lo expuesto a principios del siglo XXI por Rosito Arbia[160], lo que alguna vez criticáramos como un *simple régimen legal urbanístico,*; lo suspiramos ante el anomia actual.

---

[158] Publicada en Gaceta Oficial de la República de Venezuela, extraordinario, n° 3.238 de fecha 11-08-1983.

[159] Véase Brewer-Carías, Allan R. "Introducción al régimen jurídico de la Ordenación del Territorio". En: *Ley Orgánica para la Ordenación del Territorio*. Editorial Jurídica Venezolana, Caracas, 1984, p. 15.

[160] Rosito Arbia, Giuseppe. "Breves notas sobre Derecho Urbanístico". En: *AAVV El Derecho Público a comienzos del siglo XXI. Estudios en Homenaje al Profesor Allan R. Brewer-Carías*. Tomo III, Editorial Civitas-Thomson - Instituto de Derecho Público de la Universidad Central de Venezuela, Madrid, 2003, p. 3081.

a. *La Ley Orgánica para la Ordenación del Territorio y la Ley Orgánica de Ordenación Urbanística y la formalización del Derecho Urbanístico del Plan*

El texto de la LOOT hace una distinción básica entre los planes nacionales y los regionales, diferenciados de los planes de ordenación urbanística. Quizá lo más importante de la ley, tiene que ver con la incorporación y consulta obligatoria a los Municipios respectivos (Arts. 52 y 55 LOOT) donde se esté elaborando el Plan. A su vez, la Ley introduce al régimen urbanístico venezolano tres principios advertidos por Brewer-Carías[161], los cuales son:

a. *Principio de la cooperación* entre los diversos organismos públicos (Arts. 26, 29 y 40).

b. *Principio de la ejecución* pública y privada de estos planes (Arts. 30, 37 y 41).

c. *Principio fundamental* de que los planes de ordenación del territorio son planes imperativos, no meras CARTAS RETÓRICAS sin valor alguno.

Dichos principios aunados a la constante referencia sobre la democratización racional de los planes, darán un vuelco al Derecho urbanístico experimentado en Venezuela. El acaparamiento exclusivo de la República en la planificación urbana comenzará a diluirse con esta novedosa ley. Además, la reducción presupuestaria iniciada a mediados de 1982, preparó el camino para el control y ordenación de ese inmenso mundo de Institutos Autónomos, Fundaciones, Fondos, Sociedades y Empresas del Estado creadas para paradójicamente *reordenar* el urbanismo en Venezuela como lo pudimos explicar en las páginas precedentes.

Pero, a pesar de los grandes avances obtenidos con la LOOT, no era una ley de ordenación urbanística, en el sentido

---

[161] Brewer-Carías, Allan R. ... *Introducción al régimen jurídico de la Ordenación del Territorio...* p. 93.

de la totalidad, sino, que se reducía a establecer algunas bases genéricas -supletorias- que inciden sobre la ordenación urbanística. Era necesario un instrumento mucho más preciso para corregir los vicios en los procesos de urbanización de todo el país, con el agravante de que ahora los Municipios habían comenzado a entender su rol de primera autoridad urbanística.

Cuatro años más tarde, ya finalizando 1987, por fin Venezuela dispondrá de una *Ley Orgánica de Ordenación Urbanística*[162]. Sobre sus antecedentes y vicisitudes históricas nos remitiremos al trabajo publicado por Juan Garrido Rovira[163]. La nueva ley mantuvo el sistema de planes de la Ley Orgánica para la Ordenación del Territorio, con la diferencia que ahora entraba de lleno en la planificación urbanística con sus sistemas de fuentes. De los planes novísimos, se introducen el *Plan de Ordenación Urbanística* (mejor conocido como POU) y el *Plan de desarrollo urbano local*, mejor conocidos como PDUL. La simbiosis entre ambos implica una racionalización del suelo urbano mucho más detallada y acorde con las realidades del lugar, incluyendo variables económicas y ambientales, tal y como se desprende de las directrices que sobre éstos últimos elabora la LOOU (Art. 34).

Con la LOOU, el PDUL reasume el protagonismo en la ordenación urbanística sosegados por décadas de proliferación normativa como hemos visto, por cuanto, aquéllos últimos (anteriormente bajo el rótulo de Ordenanzas de Zonificación) habían sido motores para el desarrollo de las ciudades en Venezuela, dada su comprobada efectividad y novedad, inclusive, en Iberoamérica. Hoy cuando estamos ante los primeros 30 años de la LOOU, todavía una la gran cantidad de Municipios venezolanos carecen de PDUL (sólo 16 de 335 municipios).

---

[162] Publicada en Gaceta Oficial de la República de Venezuela, n° 33.868 de fecha 16-12-1987.

[163] Garrido Rovira, Juan. *Ordenación Urbanística*. Editorial Arte, Caracas, 1988.

Pero la LOOU no se contentó con agotarse en el sistema de planes, sino que sinópticamente reguló la ordenación urbanística en sus módulos centrales, los cuales son a nuestro juicio, los siguientes:

* *El sistema de competencias urbanísticas concurrentes:* Distribuidos sólo entre el Ejecutivo Nacional y los Municipios. La LOOU vino a ratificar lo que instintivamente se había asumido desde 1947 en materia de competencias urbanísticas: La República el **elemento técnico-urbanístico** y el Municipio la **disciplina urbanística**.

* *El régimen estricto de los cambios de zonificación*[164]: Con su correspondiente procedimiento de consultas y dictámenes técnicos (Art. 46), prohibiéndose los cambios aislados y singularmente propuestos de zonificación (Art. 113).

* *El régimen urbanístico de la propiedad*[165]: Compuesto por el corolario de la función social de la misma (Art. 52), las expropiaciones (Arts. 53 y 54) y las reservas públicas del suelo urbano (Art. 55).

* *Las formas y modalidades de ejecución del Desarrollo Urbano*[166]: Partiendo del principio de colaboración entre la Administración Pública y los particulares (Art. 60).

* *Los mecanismos de participación ciudadana: (vgr.* Asociaciones de Vecinos, el Síndico Vecinal) en lo que la LOOU bautiza como *defensa y mantenimiento del orden urbanístico* (Arts. 102 al 108).

---

164 Véase Neher A., Jorge. "El procedimiento para la defensa de la zonificación en la Ley Orgánica de Ordenación Urbanística". En: *Revista de Derecho Público*. N° 36, Editorial Jurídica Venezolana, Caracas, 1988 (octubre/diciembre), pp. 23-37.

165 Véase al respecto, Turuhpial Cariello, Héctor. "Las limitaciones al derecho de propiedad y su sujeción a los principios generales del derecho". En: *Revista de Derecho Urbanístico*. Editorial Urbanitas, n° 1, Caracas, (enero/abril) 1993, pp. 71-82.

166 Véase Araujo García, Ana Elvira. "La ejecución del urbanismo. Técnicas de ejecución del urbanismo". En: *Revista de Derecho Urbanístico*, Editorial Urbanitas, n° 0, Caracas 1992, pp. 17-23.

En relación a este punto, en 1990 se dicta EL REGLAMENTO DE LA LOOU[167] el cual desarrollará los mecanismos de participación ciudadana en consultas urbanísticas.

• *La atribución como competencia exclusiva de los Municipios:* En aquellos casos donde no existieren planes de ordenación urbanística, ni de desarrollo urbano local, ni ordenanzas de zonificación (Art. 125).

Curiosamente la LOOU dejó pasar por alto la delicada materia del silencio administrativo, por lo que la jurisprudencia definiría esta laguna. En dos períodos nítidamente definidos, encontraremos una primera etapa donde por vía analógica se aplicaba el SILENCIO POSITIVO previsto en la LOOT (1983-1999). La segunda etapa comienza en 1999 cuando la Corte Primera de lo Contencioso-Administrativa (Caso *Sindicato Agrícola 168*) abandona el criterio del silencio positivo para adecuarse al régimen general del SILENCIO NEGATIVO previsto en el artículo 4 de la Ley Orgánica de Procedimientos Administrativo)[168].

a'. Las Variables Urbanas Fundamentales

Una de las novedades que trajo consigo la LOOU fue la introducción del concepto de Variables Urbanas, que el texto le adiciona el predicado de *fundamentales*. A nivel global, las denominadas vinculaciones urbanísticas se circunscriben bajo múltiples técnicas y mecanismos operativos, sobresaliendo la técnica de zonificación, así como la identificación de unas Variables Urbanas que son imprescindibles que sean respetadas por el urbanizador o edificador.

---

[167] Publicado en Gaceta Oficial de la República de Venezuela, extraordinario, n° 4.175 de fecha 30-03-1990.

[168] Véase Aguerrevere, Dolores. Pensando en una Nueva Ley Urbanística (I): El silencio administrativo ante los proyectos de edificación y urbanización. En: *AAVV Libro Homenaje al padre José del Rey Fajardo* sj. Editorial Jurídica Venezolana, Tomo II, Caracas, 2005, pp. 1189-1201. También, véase Turuhpial Cariello, Héctor. "La procedencia del silencio administrativo positivo en materia urbanística". En: *Revista de Derecho Urbanístico.* Urbanitas, n° 4, Caracas, (enero/abril) 1994, pp. 7-22.

Las Variables Urbanas Fundamentales son, en la definición de Grimaldi, *condiciones o características, por una parte, a las actividades posibles de localizar en los inmuebles, y por la otra, a la adaptación que es necesario formular en los mismos a fin de que puedan alojar esas actividades*[169]. En la LOOU las mismas se identifican en los artículos 86 y 87, según la modalidad de ejecución asumida, sea la Urbanización (7 variables)[170] o la Edificación (8 variables)[171]. A estas Variables Urbanas Fundamentales se le adicionará, en 1996, las denominadas Variables Urbanas Ambientales[172], sin alterar la técnica asumida en la LOOU para materializar las vinculaciones urbanísticas.

Con la introducción de las Variables Urbanas Fundamentales como una suerte de *check list*, la actividad de adecuación de los proyectos a la normatividad urbanística se hizo más orgánica y sistemática. Con la LOOU no será necesario acudir a los cientos de reglamentos dictados con anterioridad, salvo, que alguno de aquéllos contemplará algunas de las Variables Urbanas señaladas. Las Variables Urbanas serán un avance significativo en la construcción del Derecho urbanístico que perfeccionamos con la LOOU.

---

[169]   Grimaldi Castro, Lindolfo. *Interpretación y Reglamentación de las Variables Fundamentales.* Cuadernos de la Universidad Simón Bolívar, Serie Urbanismo n° 2, Caracas, 1994, p. 11.

[170]   Las variables en las "**urbanizaciones**" serán: 1. El uso correspondiente, 2. El espacio requerido para la trama vial arterial y colectora, 3. La incorporación de la trama vial arterial y colectora, 4. Las restricciones por seguridad o por protección ambiental, 5. La densidad bruta de la población prevista en el Plan, 6. La dotación, localización y accesibilidad de los equipamientos de acuerdo con las respectivas normas.

[171]   Las variables en las "**edificaciones**" serán: 1. El uso previsto en la zonificación, 2. El retiro de frente y el acceso según lo previsto en el plan para las vías que colindan con el terreno, 3. La densidad bruta de la población prevista en la zonificación, 4. El porcentaje de ubicación y el porcentaje de construcción previstos en la zonificación, 5. Los retiros laterales y de fondo previstos en la zonificación, 6. La altura prevista en la zonificación, 7. Las restricciones por seguridad o por protocolo ambiental, 8. Cualesquiera otras variables que los planes respectivos impongan a un determinado lote de terreno.

[172]   Decreto Presidencial n° 1.257 relativa a las *Normas sobre evaluación ambiental de actividades susceptibles de degradar el Ambiente.* Publicado en Gaceta Oficial de la República de Venezuela, n° 35.946 de fecha 26-04-1996.

b'. El procedimiento administrativo urbanístico común: el fin del permiso de construcción

Uno de los problemas más acuciantes que trajo consigo ese régimen jurídico del urbanismo heredado de los setenta, fue la proliferación de alcabalas municipales, donde, la obtención de los entonces denominados PERMISOS DE CONSTRUCCIÓN, representaba una titánica tarea, amén que cada municipio en su ordenanza regulaba procedimientos muy diferentes. Con la LOOU, nace el Procedimiento Administrativo Urbanístico unificado, que como bien lo señalara Brewer-Carías *"(…) La Ley Orgánica, aun cuando en su elaboración pretendió eliminar la "permisería", y en particular, la figura del **Permiso de Construcción**, como figura autorizatoria para el control del desarrollo urbanístico, sin embargo, no logró el objetivo proyectado, pues aun con otro nombre y otros trámites, continuó el sistema autorizatorio previo, declarativo de los derechos de uso, regulando además sistemas de controles concomitantes y posteriores a los desarrollos urbanísticos, aun cuando más simplificados (…)"*[173]. Sin embargo, la LOOU para atacar la dispersión municipal exaltada con abundante "permisología" (*sic*), asumió el sistema de verificación para la emisión de lo que jurídicamente conocemos desde 1987 como: **LA CONSTANCIA DE ADECUACIÓN A LAS VARIABLES URBANAS FUNDAMENTALES**. La misma se encuentra contemplada en el artículo 85 de la LOOU bajo el siguiente tenor:

"(…) Los organismos municipales dispondrán de un plazo de treinta (30) días continuos, en el caso de edificaciones o de noventa (90) días continuos, en el caso de urbanizaciones, para **constatar únicamente** que el proyecto presentado se ajusta a las variables urbanas fundamentales establecidas en esta Ley. Cumplida la constatación, el organismo municipal, visto el informe del inspector asignado o contratado para la obra, **expedirá al interesado la constancia respectiva dentro del plazo previsto en este artí**culo.

---

[173] Brewer-Carías, Allan R. "Introducción general al régimen legal de la Ordenación Urbanística". En: *AAVV. Ley Orgánica de Ordenación Urbanística*. Editorial Jurídica Venezolana, Caracas, 1989, p. 51.

Dentro de los cinco (5) días siguientes a la expedición de la constancia, el interesado presentará a los organismos de la administración urbanística nacional que corresponda, duplicados del expediente y de la referida constancia. Estos expedirán al interesado un recibo de la citada copia (...)" (negrillas nuestras)

El artículo obligó la modificación de las Ordenanzas Municipales sobre Procedimientos de Construcción en todo el país, las cuales, buena parte de ellas se crearon desde el documento base elaborado para ese entonces por FUNDACO-MUN. Se eliminó formalmente la expedición de un permiso de construcción previo para iniciar un proyecto, por una notificación que debía realizar el constructor al Municipio, so pena que al constatarse la obra y ésta violare las Variables Urbanas Fundamentales conllevara la demolición y otras sanciones adicionales. En pocas palabras, el procedimiento era expedito y a pesar de su redacción traía retrasos injustificados en las Direcciones Municipales de Control Urbano más por la falta de personal cualificado que por omisiones en las Ordenanzas.

Así como encontramos la Constancia de Adecuación, la LOOU contempla también otros procedimientos comunes, tales como la Consulta Preliminar de Variables Urbanas Fundamentales (Art. 81), y la expedición del *Certificado de Terminación y Recepción de Obra* (Arts. 95-98), mejor conocido coloquialmente como la <<Habitabilidad>>

De esta manera, la unificación de los procedimientos de construcción como se les conoce de forma legal al régimen autorizatorio urbanístico, facilitará la concreción de un Derecho administrativo formal-urbanístico, donde, la seguridad jurídica sobre la aplicación de reglas así como qué es en sí lo que autoriza el Municipio; será un salto cualitativo lamentablemente amenazado desde 2012 cuando se publicó en Gaceta Oficial la Ley contra la Estafa Inmobiliaria[174].

---

[174] Publicada en Gaceta Oficial de la República Bolivariana de Venezuela, n° 39.912 de fecha 30-12-2012.

Instrumento jurídico sobre el cual interpusimos un recurso de nulidad (parcial) por inconstitucionalidad[175].

b. *Renovación doctrinal y jurisprudencial: el desarrollo de una jurisprudencia urbanística pionera en América Latina*

El impulso del Derecho urbanístico del Plan, traerá consigo nueva literatura jurídica que será, hasta nuestros días, la única existente. Junto a las decenas de obras publicadas en la década de los 70 e inicios de los 80, autores nacionales otorgarán un sello definitivo a la disciplina. Entre ellos tenemos a Juan Garrido Rovira[176], la compilación jurisprudencial del profesor Carlos Ayala Corao[177], la obra multidisciplinaria renovada del profesor Nelson Geigel Lope-Bello[178], los trabajos sobre participación ciudadana y urbanismo, incluyendo la historia del Derecho urbanístico por Armando Rodríguez García[179]. Oscar Gómez Navas[180] y Gustavo Casal Nones[181] po-

---

[175] En efecto el recurso en la actualidad se encuentra en fase de sentencia ante la Sala Constitucional del Tribunal Supremo de Justicia. Expediente n° 2013-583. Para más detalles, véase Urbina Mendoza, Emilio J. *El retorno del Permiso de Construcción: La reforma de los procedimientos administrativos urbanísticos en la Ley contra la Estafa Inmobiliaria*. FUNEDA, Caracas, 2013.

[176] Garrido Rovira, Juan. *Ordenación Urbanística. Prólogo de Arnoldo José Gabaldón.* Editorial Arte, Caracas, 1988.

[177] Ayala Corao, Carlos. *Jurisprudencia de Urbanismo*. Editorial Jurídica Venezolana, Caracas, 1988.

[178] Lope-Bello, Nelson Geigel. *Introducción al urbanismo y al Derecho urbanístico*. Caracas, Ediciones de la Universidad Simón Bolívar, 1993. Dentro de la colección "Urbanismo, Estado y Derecho", aparecen luego otros volúmenes intitulados *Urbanismo, poder público y participación ciudadana*. Ediciones de la Universidad Simón Bolívar, Caracas, 1993. *Planificación y Urbanismo*. Ediciones de la Universidad Simón Bolívar, Caracas, 1994. *Ejecución y control del urbanismo*. Ediciones de la Universidad Simón Bolívar, Caracas, 1994.

[179] Véase *Comentarios generales a la Ley Orgánica de Ordenación Urbanística*. Prohombre, Caracas, 1988. También, *Comunidad, urbanismo y construcción en Venezuela: aspectos jurídicos*. Prohombre, Caracas, 1993. Véase el libro *Fundamentos de Derecho Urbanístico: Una aproximación jurídica a la ciudad*. Ediciones de la Facultad de Ciencias Jurídicas y Políticas de la Universidad Central de Venezuela, Caracas, 2010.

seen obras relativas a los comentarios legales. Se publica una exégesis sistematizada de la Ley Orgánica de Ordenación Urbanística, resaltando las sucesivas ediciones de la obra colectiva[182] donde participaron Allan Brewer-Carías, Cecilia Sosa Gómez, Carlos Ayala Corao y Humberto Romero-Muci.

Además de los estudios monográficos, aparecen publicados completos análisis de casos forenses emblemáticos en materia urbanística[183], así como, artículos especializados en la *Revista de Derecho Público*. El *Boletín de la Academia de Ciencias Políticas y Sociales* también editará trabajos relativos al urbanismo y al Derecho urbanístico, según lo resalta la investigación histórico-documental realizada por el profesor Carlos García Soto[184]. Más reciente, tenemos el libro colectivo editado por la firma Badell & Grau[185], así como la monografía del profesor Gustavo Urdaneta Troconis[186], y Héctor Turuhpial Carriello[187].

Desde el punto de vista editorial debemos resaltar la creación de la *Revista de Derecho Urbanístico*, cuya iniciativa se corresponde a la Fundación Urbanitas y que representó lo más avanzado en publicaciones de su estilo en Suramérica. La revista logró editar entre 1992 y 1994, siete números (0-6) donde

---

180 Véase *Régimen municipal y ordenación urbanística entre la letra de la Ley y las prácticas del sistema*. Cuadernos serie Ciudad y Arquitectura, Ediciones de la Universidad Simón Bolívar, n° 3, Baruta, Estado Miranda, 1996.

181 Véase *Ley y Urbanismo en Venezuela*. Ediciones Magón, Caracas, 1985.

182 Véase *Ley Orgánica de Ordenación Urbanística*. Colección de Textos legislativos n° 6, Editorial Jurídica Venezolana, Caracas, 1989.

183 Véase Brewer-Carías, Allan R.; Ayala Corao, Carlos. *Caso del Monstruo de los Palos Grandes*. Serie: Opiniones y Alegatos Jurídicos. Editorial Jurídica Venezolana, Caracas, 1993.

184 García Soto, Carlos. "El derecho administrativo en el Boletín de la Academia de Ciencias Políticas y Sociales". En: *AAVV. Libro Homenaje a la Academia de Ciencias Políticas y Sociales en el Centenario de su Fundación 1915-2015*. Academia de Ciencias Políticas y Sociales, Tomo I, Caracas, 2015, pp. 3-22.

185 *AAVV. Régimen jurídico del urbanismo: adaptado a la nuevo Constitución*. Cuadernos jurídicos Badell & Grau, Caracas, 2000.

186 Véase *Marco jurídico del urbanismo en Venezuela*. FUNEDA, Caracas, 2009.

187 Véase *Temas de Derecho urbanístico*. FUNEDA, Caracas, 2011.

no sólo aparecen artículos de reconocidos especialistas, sino, la reseña jurisprudencial urbanística del momento. Lamentablemente, la dinámica del país, aunado a la crisis que devino el modelo democrático a finales de los 90, insidió sobre las iniciativas académicas hemerográficas.

Si la doctrina logra una redimensión, la jurisprudencia urbanística asumirá paradigmas inéditos en el continente. En especial debemos hacer énfasis que la creación pretoriana del Derecho urbanístico venezolano, es fundamentalmente hablar de la Corte Primero de lo Contencioso Administrativo, y en algunos casos, de la extinta Sala Político-Administrativa de la Corte Suprema de Justicia. Desde 1985, sus fallos han incidido en el moldeo del Derecho urbanístico patrio. Por ejemplo, avances significativos se logró en materia de cambios de zonificación y sus principales connotaciones[188], permisos de construcción[189], silencio administrativo urbanístico[190] y por su-

---

[188] La jurisprudencia urbanística de la Corte Primera de lo Contencioso-Administrativa, ha sido publicada en la sección jurisprudencial de la *Revista de Derecho Público* (*RDP*). Véase Caso Corporación Par, C.A. vs. Municipalidad del Distrito Sucre, *RDP* nº 24/1985, pp. 187-188. Caso Varios vs. Concejo Municipal del Distrito Brión del estado Miranda, *RDP* nº 25/1986, pp. 151-153. Caso Promociones Heizam, S.A., *RDP* nº 27/1986, pp. 138-141. Caso Promecon A.C. vs. Concejo Municipal del Distrito Sucre del estado Miranda, *RDP* nº 30/1987, pp. 170-176. Caso Helena Paneyko de Bonvadallp vs. Concejo Municipal del Distrito Sucre, *RDP* nº 33/1988, pp. 154-157. Caso Inversiones Edén C.A. vs. Concejo Municipal del Distrito Sucre del estado Miranda, *RDP* nº 42/1990, pp. 158-159. Caso Parque Residencial Boleíta C.A. vs. Concejo Municipal del Distrito Sucre del estado Miranda, *RDP* nº 45/1991, pp. 174-176. Caso Varios vs. Concejo Municipal del Distrito Sucre del estado Miranda, *RDP* nº 53-54/1994, pp. 398-401. Caso Luciano Reschini vs. Ministerio del Ambiente y de los Recursos Naturales Renovables, *RDP* nº 67-68/1996, pp. 410-411. Caso Promotora Villagrieta C.A. vs. Instituto Municipal del Ambiente de la Alcaldía del Municipio Valencia del estado Carabobo, *RDP* nº 83/2000, pp. 460-461. Caso Belmore Trading Ltd. vs. Gobernación del estado Vargas, *RDP* nº 84/2000, pp. 402-404. Caso Impugnación del Plan Especial "Centro Cívico de Chacao" y la Ordenanza de Zonificación del Centro Cívico de Chacao del Municipio Chacao del estado Miranda, *RDP* nº 102/2005, pp. 103-105.

[189] Véase *RDP* nº 30/1987, pp. 176-177. Véase Caso Tropiburger S.A. de fecha 17-05-1984. Véase Caso Desarrollos Tercera Avenida (Monstruo de los Palos Grandes), de fecha 14-12-1989. Véase Caso Willie the Hippo's Mundo de Di-

puesto, régimen expropiatorio y sancionatorio[191]. Incluso, se adelantó una materia polémica en el contencioso-administrativo, como es la capacidad de sustitución del juez administrativo en la autoridad urbanística[192], bordeando fronteras bien delimitadas por el Principio de Separación Orgánica del Poder Público.

> D. *La descentralización político-administrativa y el reimpulso de los Planes de Desarrollo Urbano Local (PDUL)*

Si el período 1961-1982 se decantó por la *descentralización Institucional*, luego de 1989, la descentralización será de corte *político-administrativo*. La implementación de un nuevo régimen municipal en 1989[193], así como de los dispositivos previstos en la novísima Ley Orgánica de Descentralización, Delimitación y Transferencias de Competencias del Poder Público

---

versiones C.A. vs. Alcaldía del Municipio Chacao del estado Miranda, *RDP* n° 84/2000, pp. 404-406.

[190] Véase Caso Urbanizadora Pedregal C.A. vs. Concejo Municipal del Distrito Iribarren del estado Lara, *RDP* n° 36/1988, pp. 72-74. Caso Urbanizadora B.H.O. de fecha 20-12-1991, Caso Sindicato Agrícola 168, C.A. 1999. Caso Corporación Macizo del Este C.A. e Inversiones Los Aceites, de fecha 09-08-2000 y 21-12-2000. Caso: Inmobiliaria 4000 C.A. de fecha 02-10-2001. Caso: Juan Manuel Perret vs. Directora de Ingeniería y Planeamiento Urbano de la Alcaldía del Municipio Sucre del estado Miranda, *RDP* n° 99-100/2004, pp. 219-222. Caso Sindicato Agrícola 168 C.A. vs. Alcaldía del Municipio Baruta del estado Miranda, *RDP* n° 103/2005, pp. 88-95. Caso Concejo Municipal de Baruta del estado Miranda vs. CPCA, *RDP* n° 105/2006, pp. 163-164. Caso Inversiones y Cantera Santa Rita, C.A. vs. Ministerio del Poder Popular para el Ambiente, *RDP*, n° 111/2007, pp. 206-208.

[191] Véase *RDP* n° 38/1989, pp. 150-153. *RDP* n° 40/1989, p. 143. *RDP* n° 43/1990, pp. 151-153. *RDP* n° 44/1990, p. 209. *RDP* n° 51/1992, pp. 235-236. *RDP* n° 57-58/1994, pp. 423-424. *RDP* n° 57-58/1994, pp. 427-429. *RDP* n° 69-70/1997, pp. 397-403. *RDP* n° 71-72/1997, pp. 303-307. *RDP* n° 107/2006, pp. 150-156.

[192] Véase Caso Administradora Granja La California vs. Dirección de Ingeniería y Planeamiento Urbano Local del Municipio Sucre del estado Miranda, de fecha 08-09-1995. La sentencia puede consultarse en la obra de Brewer-Carías, Allan R.; Ortíz-Álvarez, Luis. *Las grandes decisiones de la Jurisprudencia Contencioso Administrativa (1961-1996)*. Editorial Jurídica Venezolana, Caracas 1996, pp. 1014-1024.

[193] *Ley Orgánica de Régimen Municipal*, publicada en Gaceta Oficial de la República de Venezuela, extraordinario, n° 4.133 de fecha 28-12-1989.

Nacional a los Estados y Municipios[194]; facilitarán un proceso de descentralización que consolidará las directrices normativas urbanísticas más enfocadas hacia el Municipio que la propia República. Además, el proceso de privatizaciones de las empresas públicas, permitirían al sector empresarial privado la gestión de servicios públicos o la construcción de nueva infraestructura urbanística por vía de la Concesión[195].

Tanto la segunda administración del Presidente Pérez (1989-1993), como el interinato del Senador Ramón J. Velásquez (1993-1994) y las directrices del IX Plan de la Nación (*Un Proyecto de País 1995*) diseñado por el equipo del segundo período de Rafael Caldera; enfatizaron el desmontaje de toda esa maquinaria jurídico-urbanística centralizada, donde, por primera vez se le da primacía a la asociación entre urbanismo e impacto ambiental.

En materia urbanística, se dictaron algunos reglamentos parciales de la Ley Orgánica de Descentralización que, si bien no regulaban directamente, por vía incidental afectaron aspectos urbanos de suma importancia. Dichos reglamentos se circunscribieron a la regulación de las transferencias de los servicios públicos nacionalizados en la década de los setenta[196], el transporte, tránsito y circulación[197] y la creación de un Fondo económico (FIDES)[198] de apoyo a todas las iniciativas y

---

[195] Decreto con Rango, Valor y Fuerza de Ley n° 188, mediante el cual se dicta la Ley de Concesiones de Obras Públicas y Servicios Públicos Nacionales, publicado en Gaceta Oficial de la República de Venezuela, extraordinario, n° 4.719 de fecha 26-04-1994.

[196] Decreto Presidencial n° 3.250 de fecha 18-11-1993.

[197] Decreto Presidencial n° 3.121 de fecha 02-09-1993.

[198] El FIDES (Fondo Intergubernamental para la Descentralización) fue aprobado por Decreto Presidencial n° 3.265 de fecha 25-11-1993. Elevado a jerarquía legal con la Ley del FIDES (Publicada en Gaceta Oficial de la República de Venezuela, extraordinario, n° 5.132 de fecha 03-01-1997). Desde entonces fue la fuente por excelencia del financiamiento de la Descentralización venezolana hasta su erradicación actual tras una gradual minimización a mediados de 2000 cuando el Presidente Chávez ordenó modificar su ley.

proyectos de las personas públicas territoriales menores, donde los principales beneficiarios eran los Municipios[199].

El gran resultado de este proceso descentralizador será el protagonismo que adquirirá la figura del Plan de Desarrollo Urbano Local (PDUL), los cuales, comenzarán a ser confeccionados a finales del siglo, así como, una renovación completa al concepto del Plan de Ordenación Urbanística (POU). Las reinvenciones parten desde el propio MINDUR que aceptará la elaboración de los PDUL en las regiones, y no desde las oficinas del Ministerio en Caracas.

Muy a pesar de las iniciativas descritas, la crisis de los años 90 conjugados con los grandes avances en ingeniería e informática, obligarán al Ejecutivo Nacional a la formulación de nuevas reglamentaciones, más acordes con el desarrollo científico de las nuevas maneras de hacer urbanismo, armonizadas con el ambiente. Como bien lo afirma García de Enterría, el urbanismo contemporáneo -el que no se detiene- incide sobre las viejas estructuras administrativas obligándolas a cambiar[200]. Entre estas nuevas formas de protección al ambiente a través de las técnicas urbanísticas, tenemos las relativas a las obras hidráulicas afectadas al servicio de abastecimiento de agua a las poblaciones[201], el control y clasificación de los cuerpos de agua, vertidos o efluentes líquidos[202], con-

---

[199] Decreto Presidencial n° 796, mediante el cual se dicta el Reglamento sobre la Participación de los Municipios en los Recursos del Fondo Intergubernamental para la Descentralización (FIDES). Publicado en Gaceta Oficial de la República de Venezuela, n° 35.779 de fecha 22-08-1995.

[200] Véase García de Enterría, Eduardo. "La organización administrativa del urbanismo. Competencias nacionales, regionales y municipales. Sistema de organización y funcionamiento. Coordinación administrativa". En: AAVV. Derecho Urbanístico. Vol. V, Instituto de Derecho Público de la Universidad Central de Venezuela, Caracas, 1983, p. 197.

[201] Decreto Presidencial n° 750, publicado en Gaceta Oficial de la República de Venezuela, n° 35.764 de fecha 02-08-1995.

[202] Decreto Presidencial n° 883, publicado en Gaceta Oficial de la República de Venezuela, n° 35.861 de fecha 18-12-1995.

trol de polución ambiental y emisiones contaminantes[203], y por supuesto, lo referente a la descentralización del equipamiento urbano[204].

E. La popularización horizontalista de los planes y normas urbanísticas (2002-2010)

Ya entrado 1998, todo el país se verá sacudido por el cambio del régimen político instalado en 1958. Nuevos actores se yerguen sobre la cansada democracia de partidos venezolana. Una constituyente, con el predicado de «revolucionaria», vendría a cambiar algunas reglas del juego urbanístico ya concienciado y municipalizado, tras décadas de ensayo y error. El lenguaje «participación popular» cambia el idioma urbanístico venezolano acostumbrado al abecedario del sistema de planes desde la puesta en vigencia de las leyes de ordenación territorial (LOOT) y urbanística (LOOU).

De la Asamblea Constituyente, inspirada en las ideas presidenciales de Chávez sobre una nueva República, saldría la nueva Constitución de 1999, enmendada en 2009. El tenor del dispositivo 156.19 constitucional quedaría de la misma forma que el 136 de la Constitución de 1961, manteniendo el esquema competencial urbanístico desde 1947. El único agregado será la coletilla "(…) y la legislación sobre ordenación urbanística (…)". Los Municipios conservarán sus potestades, esta vez, la Constitución demarcará a la ordenación urbanística como la primera de las atribuciones exclusivas de los Municipios (Art. 178.1), por cierto éste último punto fue de polémica discusión[205] con motivo a las nuevas competencias del Distrito Metropolitano de Caracas conformado por varios Municipios.

---

203 Decreto Presidencial n° 1.235, publicado en Gaceta Oficial de la República de Venezuela, extraordinario, n° 5.054 de fecha 27-03-1996.

204 Decreto Presidencial n° 1.451, publicado en Gaceta Oficial de la República de Venezuela, n° 36.043 de fecha 13-09-1996.

205 Tribunal Supremo de Justicia/Sala Constitucional. Sentencia n° 1.563 del 13 de diciembre de 2000. Para más detalles sobre las críticas y valoraciones sobre dicha sentencia, véase Brewer-Carías, Allan R. La Constitución de 1999. Dere-

Para no recordar, el referéndum constitucional del 15 de diciembre de 1999, se realizará en medio de la peor tragedia urbana nacional: *el deslave de Vargas*. Según las estadísticas oficiales, más de 20000 personas perdieron la vida y los daños materiales ocasionados por las incesantes lluvias destruyeron casi la totalidad de los urbanismos ubicados en todo el litoral del Estado Vargas. La naturaleza no cobra por mero capricho, sino, por el autismo de una urbanización irresponsable.

La catástrofe urbana de Vargas, la nueva retórica presidencial, la exaltación popular hacia la ocupación ilegal de inmuebles urbanos y el espíritu tumultuario de la Revolución Bolivariana, sembrarán dudas acerca de la eficacia del centenar de normas regulatorias de la ciudad venezolana, incluyendo la LOOU. La propiedad privada urbana se ve asaltada por la ductilidad en la cual se interpreta su carácter de *función social*. El modelo económico de la Constitución de 1999 nos retrotraerá al estatismo experimentado durante la década de los 70, esta vez, con el fin de revertir todo el proceso privatizador y aquellas corporaciones intermedias catalogadas como entes burocráticos con logros demasiado magros. El país entra en el año 2000 en una nueva era de bonanza económica, sugerida por la escalada inimaginable de los precios del petróleo entre los años 2004 y 2008.

Se erigen nuevos Fondos que buscan consolidar los ya existentes en áreas de interés urbano[206]. La vivienda adquiere crítica importancia y se refaccionan los dispositivos legales de la materia.

---

cho Constitucional Venezolano. Tomo I, Editorial Jurídica Venezolana, Caracas, 2004, pp. 415-436.

[206] Decreto Presidencial n° 301 que establece la Ley del Fondo Único Social. Publicado en Gaceta Oficial de la República de Venezuela, n° 36.800 de fecha 04-12-1999. Decreto Presidencial n° 413 que establece la reforma a la Ley del Fondo de Crédito Industrial (FONCREI). Publicado en la Gaceta Oficial de la República de Venezuela, extraordinario, n° 5.396 de fecha 25-10-1999.

Todo apunta a la repetición de una remozada Gran Venezuela, pero, sustancialmente diferenciada en lo que respecta al protagonismo que adquiere el chavismo y por sobre todo, el carácter abiertamente SOCIALISTA asumido por el gobierno en 2005[207].

En el nuevo atlas político-administrativo territorial, la entonces Comisión Legislativa Nacional (Congresillo) dictará importantes referentes relacionados con el urbanismo, como es el caso de la Ley de Geografía, Cartografía y Catastro Nacional[208] donde se concibe al nuevo Instituto Geográfico Simón Bolívar como órgano rector de la materia. Ésta nueva corporación descentralizada funcionalmente a su vez, dictará la Resolución 54[209] relativo a las *Normas para la Formación y Conservación del Catastro Nacional*.

Jurídicamente, entre 2000 y 2004, las iniciativas legislativas tendrán eco con la promulgación de nuevos decretos-leyes sobre puertos, ferrocarriles, tránsito terrestre, planificación[210] y los Consejos Locales de Planificación Pública[211]. La frenética ambición del Ejecutivo Nacional por regular todo, terminará por hacer una reedición del comportamiento gubernamental de la década del 70 del siglo XX. Inclusive, se logra modificar la antigua Ley de Expropiación por Causa de

---

[207] Entre 1999 y 2004, el gobierno del Presidente Chávez nunca hizo alusión directa al socialismo como norte ideológico de la Revolución Bolivariana. La adhesión a la tesis socialista salió a la luz pública en su discurso durante el acto de instalación de la IV Cumbre de la Deuda Social (24/02/2005). En el mismo, el Jefe del Estado venezolano enfatizó «No tengo dudas, es el socialismo». Desde entonces, el vocablo ha estado presente en la teoría del gobierno bolivariano. Para más detalles, *Cfr.* Diario el Universal [en línea] Caracas, edición del 25 de febrero de 2005 [http://www.eluniversal.com].

[208] Publicada en Gaceta Oficial de la República Bolivariana de Venezuela, n° 37.002 de fecha 28-07-2000.

[209] Publicada en Gaceta Oficial de la República Bolivariana de Venezuela, extraordinario, n° 5.990 de fecha 10-06-2002.

[210] Decreto Presidencial n° 1.528 publicado en Gaceta Oficial de la República Bolivariana de Venezuela, extraordinario, n° 5.554 de fecha 13-11-2001.

[211] Ley de los Consejos Locales de Planificación Pública. Publicada en Gaceta Oficial de la República Bolivariana de Venezuela, n° 37.463 de fecha 12-06-2002.

Utilidad Pública o Social[212], adaptando el nuevo texto a las exigencias socio-urbanas de estos tiempos como el ambiente[213] sea cual sea su modalidad[214].

> a. *El Decreto Presidencial n° 1.666 de 2002: El inicio del proceso de desmontaje del Derecho urbanístico del Plan y los esbozos del "urbanismo popular"*

Como se puede apreciar, se ha querido «refundar» todo. Sin embargo, de todos los actos jurídicos normativos dictados desde 1999, consideramos que fue el Decreto Presidencial n° *1.666* de febrero de 2002[215], el más polémico de nuestra disciplina. En dicho documento se inicia el proceso de *Regularización de la Tenencia de la Tierra en los Asentamientos Urbanos Populares*, que verá hacerse ley el 17 de julio de 2006 con la publicación en gaceta oficial de la *Ley Especial de Regularización integral de la Tenencia de la Tierra de los Asentamientos Urbanos Populares*[216].

Este marco normativo del Decreto n° 1.666, buscó facilitar los procesos denominados en el pasado como CONSOLIDACIÓN DE BARRIOS[217], es decir, que en vez de movilizar a la población de las barriadas construidas en zonas *inurbanizables*, se hace un esfuerzo mancomunado por mejorar la calidad de vida y no la obligatoria reubicación. Nadie dudó de las buenas in-

---

212 Publicada en Gaceta Oficial de la República Bolivariana de Venezuela, n° 37.475 de fecha 01-07-2002.

213 Asamblea Nacional. Acuerdo mediante el cual se declara la materia ambiental como de atención prioritaria por parte de la Asamblea Nacional. Publicado en Gaceta Oficial de la República Bolivariana de Venezuela, n° 37.457 de fecha 04-06-2002.

214 Ley de Residuos y Desechos Sólidos. Publicada en Gaceta Oficial de la República Bolivariana de Venezuela, n° 38.068 de fecha 18-11-2004.

215 Publicado en Gaceta Oficial de la República Bolivariana de Venezuela, n° 37.378 de fecha 04-02-2002.

216 Publicada en Gaceta Oficial de la República Bolivariana de Venezuela, n° 38.480 de fecha 17-07-2006.

217 Véase Instituto Nacional de la Vivienda (INAVI). Resolución n° 041-071 de fecha 19-11-1986.

tenciones del Decreto Presidencial y de la mismísima ley posterior, cuando se excluye expresamente de la regularización a aquellos que promuevan tomas, ocupaciones y establecimientos ilegales[218]; pero, hay que ser muy cuidadosos con el reconocimiento de la propiedad privada de muchos *asentamientos populares claramente ilegales* al violarse la normativa urbanística municipal.

De esta forma, lo que en materia urbanística se consideraba un mal para erradicar, como es el asentamiento popular al margen de los beneficios urbanísticos y de la propia ley; con el Decreto n° 1.666 se trasmuta hacia un peligroso camino donde lo marginal es también legal. Se inicia entonces este período de creciente informalización de la actividad urbanística, esta vez, amparado por instrumentos aislados que facilitarán crear la ilusión de un urbanismo popular cónsono con el nuevo proceso de reurbanización de las ciudades venezolanas.

b. *La nueva organización del desgobierno urbanístico venezolano: la avalancha asfixiante de leyes con incidencia urbanística*

En lo que respecta a la organización burocrática nacional del urbanismo, que parafraseando el título de un libro del profesor Alejandro Nieto García[219], las reformas <<chavistas>> del período constitucional 2001-2007 borrarán del mapa administrativo al Ministerio de Desarrollo Urbano (MINDUR) dando paso, primero, al *Ministerio de Infraestructura*[220] (MINFRA), al *Ministerio para la Vivienda y Hábitat*[221], y final-

---

218 Disposición final primera de la Ley Especial de Regularización Integral de la Tenencia de la Tierra de los Asentamientos Urbanos Populares.

219 Nieto García, Alejandro. *La nueva organización del desgobierno*. Ariel, Barcelona, 1996.

220 Decreto Presidencial n° 2.111, publicado en Gaceta Oficial de la República Bolivariana de Venezuela, n° 37.577 de fecha 25-11-2002.

221 Decreto Presidencial n° 3.570 publicado en Gaceta Oficial de la República Bolivariana de Venezuela, n° 38.182 de fecha 08-04-2005.

mente su fusión en 2009 con el *Ministerio del Poder Popular para Obras Públicas y Vivienda (MOPVI)*[222]. En 2010, se elimina el MOPVI, dividiéndolo en dos Ministerios. El de *Transporte y Comunicaciones*, y el de *Vivienda y Hábitat*[223].

Luego de 2002, no sólo poseemos un descontrol sobre quien es competente o no para regular el urbanismo a nivel nacional, producto de los cambios ministeriales y demás carteras con competencia urbanística, amén de la proliferación exagerada de las oficinas y organismos públicos. También se dictan leyes que incidirán en el urbanismo, tales como:

- Ley de los Consejos Locales de Planificación Pública, la Ley Orgánica del Poder Público Municipal[224],

- La Ley de los Consejos Comunales[225],

- La Ley Especial de Regularización Integral de la Tenencia de la Tierra de los Asentamientos Urbanos Populares, la Ley de Aguas[226],

- La Ley Orgánica para la Preservación de los Servicios de Agua Potable y Saneamiento[227], y

---

[222] Decreto Presidencial n° 6.626 publicado en Gaceta Oficial de la República Bolivariana de Venezuela, n° 39.130 de fecha 03-03-2009.

[223] Decreto Presidencial n° 7.513 publicado en Gaceta Oficial de la República Bolivariana de Venezuela, n° 39.451 de fecha 22-06-2010. Posteriormente, en 2011, mediante Decreto Presidencial n° 8.559, publicado en Gaceta Oficial n° 39.791 de fecha 02-11-2011.

[224] Véase Gaceta Oficial de la República Bolivariana de Venezuela, n° 38.421 de fecha 21-04-2006. Reformada en 2010, véase Gaceta Oficial de la República Bolivariana de Venezuela, extraordinario, n° 6.015 de fecha 28-12-2010.

[225] Véase Gaceta Oficial de la República Bolivariana de Venezuela, extraordinario, n° 5.806 de fecha 10-04-2006. Reformada en 2009, véase Gaceta Oficial de la República Bolivariana de Venezuela, n° 39.335 de fecha 28-12-2009. Para más detalles, véase Brewer-Carías, Allan R. *Introducción general al régimen de los consejos comunales*. En: *Ley Orgánica de Consejos Comunales*. Colección de textos legislativos n° 46. Editorial Jurídica Venezolana, Caracas, 2010.

[226] Publicada en Gaceta Oficial de la República Bolivariana de Venezuela, n° 38.595 de fecha 02-01-2007.

- El insólito caso de la abrogada y nunca puesta en vigencia Ley Orgánica para la Planificación y Gestión del Territorio[228].

La legislación urbanística comienza a sufrir los efectos perniciosos de la proliferación innecesaria de instrumentos normativos, ya denunciada en la antigüedad[229], donde el sistema de planes comienza a sosegarse para introducir confusiones nunca vistas en el país. Por otra parte, la legislación deroga una suerte de decretos y demás regulaciones en materias específicas; pero, deja abierta su vigencia hasta que un reglamento se dicte. Caso emblemático es el relativo al régimen jurídico de las aguas, donde más de una decena de normas técnicas fueron derogadas por la LEY DE AGUAS, pero, hasta el momento no ha ocurrido el debido reemplazo ordenado en los términos de la propia ley (Disposiciones transitorias tercera, cuarta, quinta, décima, undécima y disposición derogatoria única).

a'. Leyes urbanísticas y de ordenación territorial que no entran en vigencia, derogando el régimen formal de la LOOU y LOOT

La Ley Orgánica de Planificación y Gestión del Territorio fue el caso más risible de la ambición por popularizar el sistema de planes urbanísticos en Venezuela. Sin embargo, el peligro no radica en la capacidad de elucidar consigo nuevos modelos de ordenación territorial y urbanística, sino en su incomprensible decisión de derogar el sistema formal de la

---

227 Publicada en Gaceta Oficial de la República Bolivariana de Venezuela, extraordinario, nº 5.568 de fecha 31-12-2001. Reformada en 2007, véase Gaceta Oficial de la República Bolivariana de Venezuela, nº 38.763 de fecha 06-09-2007.

228 Para más detalles, véase Urbina Mendoza, Emilio J. "La nueva Ley Orgánica de Planificación y Gestión del Territorio y su inserción en la historia de la normativa urbanística nacional". En: *Revista Jurídica*. Centro de Investigaciones Jurídicas "Dr. Aníbal Rueda", nº 3, Valencia, (enero/junio), 2006 pp. 55-67.

229 *Et corruptisima republicae plurimae leges.* Tácito. Anales, 3, 27,3.

LOOT y LOOU para dejar al país sin regulación alguna[230]. Según el artículo 1° de la LOPGT, el proceso general para la Planificación y Gestión de la Ordenación del Territorio tenía como coordenadas-base el esquema conceptual del llamado *Desarrollo Endógeno* como paradigma de autosuficiencia venezolana en los últimos tiempos. A diferencia de las disposiciones de la LOOT y la LOOU, que entendían al desarrollo económico y social a largo plazo (Art. 1 LOOT). El concepto de Ordenación Territorial asumía la suerte de un *proceso* con sus agregados de dinamicidad, progresividad e innovación que sirve de base para el crecimiento interno.

Como novedad, la LOPGT diferencia entre la ordenación del territorio y la planificación y gestión de la ordenación del territorio. El primero de ellos es una *política de Estado*, mientras que el segundo, un *proceso de naturaleza política, técnica y*

---

[230] Hacemos referencia al incomprensivo impase legislativo propinado en 2005 con la aprobación de la nunca vigente Ley Orgánica para la Planificación y Gestión del Territorio. La citada ley fue publicada el 1° de septiembre de 2005 en Gaceta Oficial n° 38.263. Sin embargo, la Asamblea Nacional mediante oficio ANG-239 del 21/09/2005, ordena su reimpresión por error material del ente emisor, publicándose finalmente en la Gaceta Oficial n° 38.279 del 23/09/2005. El 1° de marzo de 2006, apareció también forma sorpresiva en Gaceta Oficial (n° 38.388) la primera reforma de este documento, incorporándole una *vacatio legis* hasta el 31/08/2006. El 1° de septiembre de 2006 (Gaceta Oficial Extraordinaria n° 5.820), nuevamente se dicta otra reforma parcial otorgándosele otra *vacatio* hasta marzo de 2007. El 27 de febrero de 2007, de forma insólita, la Asamblea Nacional en vez de conceder otra *vacatio* se publica en Gaceta Oficial n° 38.633, la *Ley Derogatoria de la Ley Orgánica para la Planificación y Gestión del Territorio*. Sobre este particular, el profesor Brewer-Carías expresaría: "(...) *La Ley que nunca fue tal, pretendía por otra parte refundir los textos de las dos Leyes Orgánicas precedentes, con algunos cambios significativos. Los objetivos de esa Ley Orgánica que nunca estuvo vigente, en todo caso, eran establecer las disposiciones que, en concordancia con las realidades ecológicas y los principios, criterios, objetivos estratégicos del desarrollo sustentable, que incluyan la participación ciudadana y sirvan de base para la planificación del desarrollo endógeno, económico y social de la Nación (art. 1). Ello, sin embargo, sigue estando regulado en las mencionadas Ley Orgánica para la Ordenación del Territorio de 1983 y la Ley Orgánica de Ordenación Urbanística de 1987 (...)*" Brewer-Carías, Allan R. "El Curioso e Insólito Caso de la Ley Orgánica para la Planificación y Gestión de la Ordenación del Territorio, Sancionada en Septiembre de 2005 y Derogada en Febrero 2007 sin haber entrado en Vigencia". En: *Revista de Derecho Público*. Caracas, Editorial Jurídica Venezolana, n° 109, 2007 (enero/marzo), pp. 65-71.

administrativa, dirigido a sistematizar la programación, evaluación, seguimiento y control de la ordenación del territorio (Art. 3). Las definiciones de la desaparecida LOPGT serán inspiradas y a su vez, debían actuar en la medida en que se aplicaran los principios de soberanía nacional, interés público, seguridad y defensa, descentralización desconcentrada, participación ciudadana, corresponsabilidad y desarrollo sustentable al proceso de Planificación y Gestión de la Ordenación del Territorio.

- El sistema inalterado de planes urbanísticos en la LOPGT y la inclusión por primera vez de una definición[231] sobre ellos no contemplada en la LOOU. También el rebautizó de los antiguos Planes Regionales de Ordenación del Territorio por los llamados Planes de Ordenación del Territorio Urbanístico.

- El nuevo microsistema de planes urbanos municipales (Plan municipal de Ordenación del Territorio; Plan de Desarrollo Urbano Local [PDUL] y los planes especiales).

- La ampliación del concepto *responsabilidad del urbanizador*, desechando la clásica responsabilidad decenal del artículo 1637 del Código Civil venezolano por el término Derecho común[232].

- La desaparición de los dispositivos sobre *Participación ciudadana* que introdujo la LOOU[233], y la introducción de la dual figura del Representante Comunitario[234].

---

[231] Artículo 5° de la LOPGT. «Los Planes de Ordenación del Territorio Urbanístico son instrumentos jurídicos y representan la concreción espacial urbanística del Plan Nacional de Ordenación del Territorio y del Plan Regional de Ordenación del Territorio correspondiente. Cuando estos Planes hayan sido aprobados, se adoptarán y acatarán dentro de los respectivos perímetros urbanísticos establecidos.

[232] Artículo 151° de la LOPGT.

[233] Título VIII de la LOOU.

[234] Artículos 169, 170 y 171 de la LOPGT.

- Un nuevo régimen sancionatorio, con especial énfasis en fuertes sanciones para quien infringiera las variables ambientales[235] y para aquellos Concejales que mediante actos generales o particulares cambiaran el uso o zonificación de forma aislada o singularmente propuesto[236].

- La omisión expresa sobre el valor atribuible al Silencio Administrativo en los procedimientos de naturaleza urbanística.

> b'. *El asentamiento urbano popular vs. el urbanismo formal. El fin de la ciudad por el concepto unitario de vivienda o de cómo se construye un erróneo urbanismo del "Poder Popular". La incongruencia de la Carta del Barrio*

Como se explicó, la tercera etapa de nuestra historia urbanística comienza en 2002 con el Decreto n° 1.666. Allí se introduce el peligroso concepto de asentamiento urbano popular, conocido en el argot venezolano como BARRIADAS POPULARES. El Decreto se transforma en ley en 2006, [en adelante LERTTAUP], técnicamente inadecuada e imprecisa, además de frustrante tal y como atinadamente lo cataloga Judith Rieber de Bentata[237].

La ley y su esquema traen consigo turbulencias al sistema de planes, al hacerlo más dúctil y contemplando excepciones al régimen jurídico-urbanístico de la LOOU y la propia LOOT. Una de las principales características observables en esta legislación introducida en la década pasada, es la inclinación por concebir definiciones y principios sin tomar en cuenta el impacto o los giros, que más allá de lo idiomático, pueda traer su aplicación. Así, coloca a cada dispositivo que se san-

---

[235] Artículo 183 de la LOPGT.

[236] Artículo 187 de la LOPGT.

[237] Rieber de Bentata, Judith. "Comentarios a la Ley Especial de Regularización Integral de la Tenencia de la Tierra de los Asentamientos Urbanos Populares". En: *Revista de Derecho Público*. Editorial Jurídica Venezolana, n° 107, Caracas, 2006 (julio/septiembre), p. 72.

ciona en el incesante peligro de envejecer demasiado rápido y no abarcar las necesidades que surgen en la práctica[238].

La LERTTAUP contempla en su articulado diez definiciones básicas cuyo fin pareciera esclarecer algunos puntos debatibles sobre la regularización de la propiedad en los asentamientos populares, que como bien sigue exponiendo Rieber, éste último no está definido[239]. Grave omisión si el espíritu de esta ley es la aplicación de los conceptos de derecho formal a los asentamientos urbanos populares[240].

La LERTTAUP asume definiciones telúricas para un Derecho urbanístico coherente, pues, introduce una dualidad de regímenes que hace menos sancionable precisamente a las poblaciones que han pasado por alto las normas técnicas del urbanismo. Tenemos entonces conceptos tales como Asentamiento urbano popular, Título de permanencia, Título de adjudicación, Propiedad familiar, Carta del Barrio, Historia local, identidad actual, espacios de asentamiento, propuesta de futuro o plan de transformación integral del asentamiento urbano popular; y, naturaleza y forma de convivencia[241].

Es loable que el Estado se preocupe por garantizar una vivienda y una de las estrategias es regularizar la realidad caótica del urbanismo, sobre todo, en lo que presumimos entiende el legislador por populares: *las barriadas construidas al margen de la legalidad propietaria y técnico-urbanística*. Las mismas que colocan a la familia en condiciones de vulnerabilidad social. La invocación que hace el artículo 5° a los principios que pudiesen estar en contradicción con el espíritu de la ley en general (progresividad y seguridad jurídica) se entremezclan con otros que perfectamente los excluyen como es una visión excesiva de la democracia participativa y protagónica.

---

[238] Rieber de Bentata, Judith. *Ob. Cit.*, p. 56.
[239] Rieber de Bentata, Judith. *Ob. Cit.*, p. 57.
[240] Rieber de Bentata, Judith. *Ob. Cit.*, p. 60.
[241] Artículo 60 de la LERTTAUP.

Además, la lectura de algunos artículos, como por ejemplo el 11°, ponen en duda la jerarquía y estabilidad del sistema normativo venezolano, que, por muy favorecedor o progresista, no le es dable alterar la seguridad jurídica, pues, la LERTTAUP es una ley de regularización de la propiedad privada urbana. En fin, se esgrimen elevados principios pero no se concreta ninguno de ellos, máxime, cuando se castiga al espíritu emprendedor[242].

En segundo término, tal y como hicimos alusión al explicar el sistema de planes urbanísticos, una de sus características prototípicas es su capacidad para resistir la tentación del poder que implica la presión constante para alterar las zonificaciones y ganarse los votos momentáneos de grupos impulsados por falsas promesas populistas. Es por ello que la LOOU le confiere al PDUL (Planes de Desarrollo Urbano Local) lapsos para la revisión periódica según los criterios técnicos y las exigencias que el moderno urbanismo plantea a la vuelta de cada década.

La LERTTAUP introduce un cambio radical en esa relación de la sociedad y el Municipio con el PDUL, al calificar a la llamada Carta del Barrio *como plan de ordenación básico*[243]. Este plan básico podría perfectamente estar en contra de lo que determine el PDUL municipal, y ante las posibles contradicciones, la ley se inclina por la Carta del Barrio en desmedro de la legislación municipal formal. Una intromisión con posibles rasgos de inconstitucionalidad ya que la Ley Orgánica del Poder Público Municipal, en ejecución del mandato constitucional, expresamente le atribuye a los Municipios todas las competencias propias de la vida local (Art. 56.2 a.) donde la regulación del espacio urbano municipal ha sido de muy larga data como indica el profesor Fortunato González[244].

---

[242] Rieber de Bentata, Judith. *Ob. Cit.*, p. 59.

[243] Artículo 11 de la LERTTAUP.

[244] González, Fortunato. Comentarios a la Ley Orgánica del Poder Público Municipal. En: *AAVV. Ley Orgánica del Poder Público Municipal.* Caracas, Editorial

La ley ordena al Poder Público, sin distinciones, a reconocer como <u>válida la Carta del Barrio</u>, lo que implica que los PDUL de ser la más estricta y elevada instancia normativa en lo que refiere ordenación urbana local, termina subordinándose a un poder del pueblo más allá de lo imaginado. Los cambios al uso del suelo urbano estarían sometidos a la voluntad de aquellos que, invocando el principio de participación ciudadana ilimitada, introducirían modificaciones según otros criterios no necesariamente en utilidad de dichos sectores populares. Por otra parte, desde la óptica del Derecho civil, el legislador dispone de manera imperativa que los registradores inmobiliarios deben inscribir estos *planes básicos de ordenamiento urbano* y proceder al parcelamiento de manera inmediata[245]. Una orden gravísima impartida por la LERTTAUP al no discriminar si es viable tanto de arquitectura como de ingeniería, el asentamiento urbano popular con su Carta del Barrio.

A nuestro juicio, el artículo 11° de la LERTTAUP libera a los Municipios de cualquier demanda que por daños y perjuicios pudiese intentar los ocupantes de esos terrenos donde se fundó el asentamiento si por cualquier catástrofe natural se ven afectados sus inmuebles o enseres. El artículo subordina a los PDUL a un voluntarismo popular que no distingue entre los usos del suelo o tolerancias permitidas como efectivamente sí los contempla el PDUL.

Jurídica Venezolana, 2007, pp. 236. Expresa el citado profesor de la Universidad de los Andes lo siguiente: *"(...) El mecanismo idóneo para establecer un orden determinado en los centros poblados es el Plan de Desarrollo Urbano Local, que debe contener la definición precisa y lo más detallada posible de las llamadas variables urbanas fundamentales, es decir, las reglas de juego a la que deben someterse los habitantes en el ejercicio de los atributos del derecho de propiedad. (...)"*

[245] Artículo 11°, primer aparte de la LERTTAUP: *"(...) El plan será reconocido por el Poder Público, a los fines de su inscripción en el Registro Inmobiliario de la jurisdicción correspondiente, y es condición suficiente para producir su parcelamiento (...)".*

En pocas palabras, la Ley facilita la cristalización de lo que en doctrina jurídico-urbanística se le llama *Disuetudo*[246], la más burda alteración al ordenamiento urbanístico local cuando se quiebra el principio de igualdad.

c'. *El Comité de Tierras como sustituto al Catastro Municipal y la erradicación de la propiedad privada por la propiedad familiar*

La LERTTAUP asume el principio de participación popular como parte de la solución al delicado problema de los miles de asentamientos urbanos populares que ilegalmente ocupan tierras tanto públicas como privadas. Ante la cantidad considerable de familias en esta precaria situación, el tantas veces citado instrumento legal crea la figura del Comité de Tierra Urbana (CTU), el nivel de mayor importancia[247] dentro de este nuevo orden administrativo concebido en la LERTTAUP. Serán los instrumentos facilitadores del proceso de regularización, y a la vez, el principal mecanismo en la defensa de intereses colectivos y difusos de las comunidades urbanas populares.

Estos Comités de Tierras están a cargo de levantar el denominado *Catastro Popular*, que no es más que la forma protagónica para establecer la información catastral y de esta forma implementar el procedimiento de regularización de la tenencia de la tierra en estos asentamientos (Art. 45). Lo más sorprendente resulta de la *Subordinación* de todos los órganos o entes del poder público (Nacional, estadal y municipal) al levantamiento que realice cada CTU. Es más, la propia ley obliga al Catastro Municipal asistir, capacitar y supervisar los

---

[246] *"(...) Pensemos en situaciones límites de general incumplimiento en los que la gestión urbanística se realiza al margen del plan y del programa, se concede alturas de edificaciones superiores a las señaladas en las normas, se permite la construcción de zonas señaladas como verdes o en terrenos rústicos, no se constituye el patrimonio del suelo ni se elaboran presupuesto de urbanismo (...)"* Arévalo Clavero, Manuel. *Estudios de Derecho Administrativo.* Editorial Civitas e Instituto García de Oviedo de la Universidad de Sevilla, Madrid, 1992, p. 371.

[247] Rieber de Bentata, Judith. *Ob. Cit.*, p. 71.

levantamientos catastrales, obligándolo peligrosamente a validar e incorporar el catastro popular (Art. 48) y así obtener del Municipio las respectivas Cédulas y Mapas Catastrales requerido para la protocolización de los títulos de adjudicación ante el Registro Público (Art. 49).

Otro de los trastrocamientos que teluriza esta legislación popularizante, es las nuevas formas del dominio del suelo urbano, uno de los temas que mayor atención ha dispensado el Derecho urbanístico en toda su historia. En la LERTTAUP, el ejercicio y facultades de la propiedad privada en el suelo urbano cambia la ecuación técnica del urbanismo al considerarla por ser esencialmente volumétrica más que planimétrica[248]; y por sobre todo, formal[249], más de lo que estatuye el régimen civil de la propiedad tradicional. ¿Será por ésta última característica que la LERTTAUP busca alinear la ocupación ilegal con la propiedad urbana para acercarla a la formalidad?

La LERTTAUP, fiel a ese cometido de la propiedad urbana, introduce dos nuevas formas del ejercicio de la misma, no tanto basado en el esquema clásico propiedad privada/propiedad pública, sino, en la satisfacción de otras necesidades que dicho dilema no puede compensar temporalmente, sobre todo, cuando los asentamientos urbanos populares se han edificado al margen de los titulares de la propiedad. La primera de las formas jurídicas propietarias que introduce

---

[248] Se entiende como propiedad volumétrica aquella que, además de tener en cuenta los linderos y su titularidad, centra sus desvelos en los volúmenes verticales. Esto quiere decir que no sólo en los planos horizontales se verifican las potestades del propietario, sino, en aquello que se construye hacia el suelo como el subsuelo. Brewer-Carías, Allan R. ...*Urbanismo y propiedad privada* ... pp. 61-62.

[249] Explica el profesor Allan Brewer-Carías. ...Urbanismo y propiedad privada ... p. 67. lo siguiente: "(...) *En materia urbana, sin embargo, no basta un título de propiedad para ejercer los atributos del derecho; es necesario que se precise el contenido de la propiedad, es decir, saber qué puede hacerse con ella, determinando el uso permitido. Ese contenido del derecho no está en el título registrado; es necesario que sea establecido en un acto jurídico-público de la autoridad municipal (plan de urbanismo, zonificación), para luego poder precisar cómo se encuadra esa propiedad dentro del plan que determina el uso o establece una zonificación (...)*".

es la llamada *propiedad colectiva*. Esta modalidad si bien no la define la LERTTAUP, sino que se agota en la manera como se regula su constitución (Art. 37), podemos entenderla como la *titularidad colectiva de un lote de terreno cuyo objeto es la garantía de la permanencia física del asentamiento urbano popular*.

La propiedad colectiva cuyo origen puede ser tanto público o privado, es entendida así, según la intención legislativa, como una manera para el uso y goce en comunidad de un terreno que sustenta un asentamiento urbano de naturaleza popular. El ejercicio de esos atributos clásicos propietarios deberá ser administrados colectivamente según las modalidades que cada asentamiento urbano popular determine. La ley obliga que sólo se podrá obtener esta calificación si los propietarios de las bienhechurías que ocupan un mismo lote de terreno, se constituyen en un Comité de Tierra Urbana para tal fin (Art. 38). También, el legislador prohíbe cualquier otro uso de ese suelo comunitario que no sea el exclusivamente residencial, permitiéndose sólo *actividades productivas familiares* (Art. 38).

Paralelamente al modelo colectivo de propiedad, la LERTTAUP incluye la novedosa figura de la PROPIEDAD FAMILIAR, ésta, muy en boga en las estructuras sociológicas rurales, bastante comunes en los primeros tiempos del Derecho Romano[250]. El artículo 35º de la LERTTAUP rescata esa tradición romanística y define a la propiedad familiar como: "(...) *Es el derecho indivisible que el Estado le confiere a la familia para usar, gozar y disponer de la tierra, de conformidad con lo previsto en esta Ley* (...)". En un primer plano nos dice que la propiedad familiar es un «*derecho indivisible*» lo cual implica la imposibilidad de ceder a un miembro de esa familia en particular o a un tercero (vía arrendamiento o usufructo), o incluso, a una tercera familia que busque disfrutar del inmueble.

---

[250] Véase Mazeaud, Henri; Mazeaud, Jean; Mazeaud, León. *Lecciones de derecho civil*. Parte II, Vol. IV, Editorial EJEA, Buenos Aires, 1960, pp. 22-50.

Esta indivisibilidad no sólo reviste el carácter material, sino, de naturaleza jurídica, imposibilitando su fraccionamiento con iguales proyecciones[251]. El derecho real de propiedad familiar termina siendo indivisible y, por ende, intransferible. Sólo el Estado podrá otorgar o revocar por vía de acto administrativo la calificación de propiedad familiar aunque como bien dice Rieber de Bentata, el tratamiento de manera conjunta de la propiedad familiar y la propiedad comunitaria a veces quedando combinado de manera impropia[252]. Una contravención al principio de libertad patrimonial que ha caracterizado a todas las Constituciones venezolanas desde 1811.

c. *La paradoja ambiental en el urbanismo venezolano y la concreción jurisprudencial del sistema objetivo de responsabilidad urbanística. Adiós a la Responsabilidad decenal del artículo 1637 del Código Civil*

Como punto muy específico pero paradójico en esta tercera etapa iniciada en 2002, queremos destacar el papel de importancia que juega no sólo el clásico apego del urbanismo a la protección ambiental fuertemente vigilada en la Constitución de 1999[253], sino también a las consecuencias que acarrean las alteraciones ambientales en el ámbito de las responsabilidades jurídicas compartidas[254], más allá de la esfera de la Ley Penal del Ambiente[255] o las cláusulas tácitas

---

[251] Kummerow, Gert. *Compendio de bienes y derechos reales*. Paredes Editores, Caracas, 1992, p. 51.

[252] Rieber de Bentata, Judith. *Ob. Cit.*, p. 62.

[253] Artículos 127°, 128° y 129° de la Constitución de 1999.

[254] Sobre este tema de la responsabilidad administrativa y civil del urbanista en relación con el ambiente, véase Troconis Parilli, Nelson. *Tutela Ambiental. Revisión del paradigma ético-jurídico sobre el ambiente*. Ediciones Paredes, Caracas, 2005.

[255] Ley Penal del Ambiente, publicada en Gaceta Oficial de la República Bolivariana de Venezuela, n° 39.913 de fecha 02-05-2012. Véase Gutiérrez Larrisgoitia, Luis Amado. *La gestión penal del ambiente. El sector privado y la experiencia a diez años*. Universidad Católica Andrés Bello, Caracas, 2006.

que en los contratos celebrados con la República se obligue al cuidado del medio ambiente[256].

Para nadie es un secreto que una gran cantidad de urbanismos venezolanos se encuentran sobre zonas que no satisfacen los más mínimos estándares ambientales, incluso, esta desviación llega a rangos que podrían ser letales. Ante la gravedad del problema, pudiera alegarse la carencia normativa sobre el tema, es decir, es posible que para un lector desprevenido se incline a pensar que en Venezuela no existe un régimen jurídico coherente de protección ambiental. Todo lo contrario, Venezuela es uno de los pocos países donde la actividad legislativa ha estado marcada por una agenda ambiental, pero, ha sido elástica su aplicación.

Desde 1996 existe una regulación precisa, que se materializa en 2006 con la Ley Orgánica del Ambiente (LOA)[257]. Ésta última dedica íntegramente su arquitectura al tema de la gestión ambiental y la participación popular en la defensa del ambiente (Arts. 1 y 2). Sobre la esfera urbanística, la LOA aborda en tres grandes bloques de influencia sobre el régimen legal del urbanismo en Venezuela. Esos bloques son:

• La gestión del ambiente y su relación con la actividad urbanizadora.

• El sistema de PLANES AMBIENTALES y su relación con los planes de ordenación territorial y planes de ordenación urbanística.

• La participación popular en la gestión del ambiente.

Del plano conceptual, la LOA aborda los principios que afectan la gestión ambiental (Art. 4) de cumplimiento obligatorio, ya que el propio legislador ha revestido a la materia como normas de orden público (Art. 6). De esos principios

---

[256] Artículo 129 de la Constitución de 1999.

[257] Publicada en Gaceta Oficial de la República Bolivariana de Venezuela, extraordinario, n° 5.833 de fecha 22-12-2006.

que refiere el artículo 4° de la LOA, nos interesa abordar la limitación de los derechos individuales, la responsabilidad en los daños ambientales y la evaluación del impacto ambiental, por cuanto, como veremos más adelante, recientemente la jurisprudencia ha venido protegiendo esos derechos ambientales cuando son vulnerados por actividades urbanísticas, incluso, que pudieran estar apegadas a la legalidad municipal.

En relación al principio de la *limitación de los derechos individuales*, la LOA lo encierra especialmente a los derechos económicos individuales o sociales que pudiera afectar al PATRIMONIO AMBIENTAL (Art. 4.7). En la actividad urbanizadora siempre van a conflictuar una serie de derechos e intereses. Muchas veces, triunfarán las garantías individuales, pues, también es muy legítimo que, ante las carencias económicas, cualquier iniciativa que tiendan a superarlas, como el caso de la construcción urbana, no puede *siempre* estar limitada por la «abstracción» de los derechos ambientales, así como así. Los derechos ambientales prevalecerán, en eso no hay duda, siempre que logren concretarse en ámbitos de protección bastante comprobados para la comunidad. Así, se elimina el riesgo de interpretaciones *filantrópicas* que olviden la centralidad del ser humano, ante todo. Una flor no puede valer más que una persona.

a'. La nueva responsabilidad urbanística delineada por la Sala Constitucional del TSJ

Sobre el principio de la *responsabilidad en los daños ambientales*, es evidente que la misma LOA incluye no sólo al urbanista sino también a las administraciones urbanísticas. En buena parte de los siniestros ambientales ocurridos, producto de procesos urbanizadores negligentes o complicidades gubernamentales que relajan el resguardo ambiental, se alega que las «administraciones públicas» no son responsables por la falta de cuidado que gobernantes del pasado hayan dejado permitir. Quizá ha sido este punto donde la Sala Constitucional del Tribunal Supremo de Justicia haya dado nuevos aportes en materia de responsabilidad urbanística, siendo uno de los pocos aportes en este tiempo de fragmentación populista.

Hacemos referencia a las sentencias de la citada Sala nº 1632[258] de fecha 11-08-2006 y su complementaria nº 1752[259] de fecha 13-08-2007. Ambas son relativas a un caso paradigmático de responsabilidad urbanística por daños ambientales ocasionados ante el irresponsable asentamiento de urbanismos formales. Hacemos mención al desalojo ordenado sobre los *Urbanismos Mata Redonda y la Punta* ubicados en la ciudad de Maracay, Municipio Girardot del estado Aragua. Estos fallos liquidarán la antigua Responsabilidad Decenal del Constructor, pues, contemplan por primera vez que la Responsabilidad Urbanística es de carácter Cívico-Social[260], tal y como lo contempla el texto de la sentencia 1632.

Apunta el Magistrado-Concurrente:

"(...) Tal responsabilidad que podría **denominarse responsabilidad cívico-social, no tiene en las leyes sustantivas (Código Civil o Mercantil), un claro fundamento, pero como proviene de la corresponsabilidad**, cuando estos daños los causan particulares, por acciones que perjudican a grupos sociales, debido a la intención, negligencia o imprudencia de quien los causa, los mismos deben ser indemnizados por el causante. Las leyes, por lo regular, normalizan relaciones particulares que no prevén daños colectivos, ni las diversas causas que los generan, y sólo contemplan indemnizaciones para grupos o sectores de población cuando se trata de derechos o intereses difusos o colectivos.

---

258 Caso: *Julia Espina y otros vs. Ministerio del Ambiente*, expediente 00-1362 (Acción de Amparo Constitucional por intereses colectivos y difusos). Ponencia del Magistrado Pedro Rondón Haaz.

259 Aclaratoria de la Sentencia nº 1632/2006. Se solicitó posteriormente una Aclaratoria sobre cómo debía ser el proceso de desalojo e indemnización a los propietarios y habitantes de los urbanismos en peligro por el ascenso de la Cuenca del lago de Valencia.

260 Véase Voto Concurrente del Magistrado de la Sala Constitucional, Jesús Eduardo Cabrera Romero. Sobre la Responsabilidad patrimonial en materia urbanística, Véase Díaz Rodríguez, Gaby Arlet. "La Falta de Servicio como Hecho Generador de Responsabilidad Patrimonial en materia urbanística". En: *Revista de Derecho Administrativo*. Ediciones Sherwood, nº 16, Caracas, 2003 (enero/junio), pp. 329-353.

La prescripción de ciertas acciones, como las de la responsabilidad decenal del constructor, parte de situaciones normales (previsibles), y la acción decenal, por ejemplo, nace de cada relación entre constructor y quien lo contrata.

Sin embargo, hay daños que pueden afectar a toda una colectividad o grupo social, que pueden demandarse por la vía de los derechos e intereses difusos, pero puede suceder que ellos no nacen inmediatamente de la acción u omisión del agente, sino transcurridos varios años del ilícito, cuando incluso se sobrepasa el término de prescripción legal.

Cuando el hecho desencadenante de los daños colectivos era previsible pero no se tenía certeza de cuándo ocurriría, quedando ligado en ese sentido al azar, si éste sucede por hecho atribuible a alguien, este alguien debe responder.

Dentro de las relaciones concretas individuales los términos de prescripción y caducidad funciona conforme a las previsiones legales, ello atiende a los actos y negocios jurídicos entre partes; pero con respecto al daño colectivo, causado a un grupo o sector de personas, por la acción dolosa o culposa, en un estado social, la solución no puede ser igual. En materia contractual, individualmente las partes saben a que atenerse y el negocio tiene un soporte legal; incluso, en el hecho ilícito extracontractual el que lo sufre conoce los términos legales para reclamarlo, etc. Pero cuando el daño es colectivo, enmarcado en una situación real, cuyo acontecimiento no tiene un tiempo prefijado para aflorar o suceder, la reparación de tal daño debe tener un tratamiento apropiado a esa realidad. (...)

Quien concurre, quiere resaltar que los urbanizadores, que como tales ofrecen en venta unas parcelas o unas casas, hacen una oferta con base en unos bienes o que están dañados per se, o que corren gran riesgo de perecer, y en cuanto a esta actitud, el oferente no incumple ningún contrato, sino comete un hecho ilícito, a menos que informe a los compradores del riesgo que corren; o que se tomen con miras al largo plazo, las precauciones que eviten el posible daño. (...)

Se hacen estas acotaciones por el caso resuelto en este fallo. El Lago de Valencia, según informaron los técnicos del Ministerio del Ambiente en la audiencia, tiene ciclos en que se retira y luego vuelve a crecer. Este no es un hecho imprevisible, sino al contrario, él tenía que ser ponderado no solo por las autoridades municipales que permisaron las urbanizaciones, sino por los urbanizadores, y los financistas, ya que estos últimos tenían que haber estudiado el proyecto de urbanismo. Siendo ello así, todos los involucrados tenían una responsabilidad civil de naturaleza social proveniente del colapso de las urbanizaciones que construyeron y ofrecieron al público, para que allí se construyeran viviendas; y de los financistas por los financiamientos que se dieron para que dichos urbanismos riesgosos pudieran construirse.

Tal responsabilidad cívico-social no es de naturaleza contractual, sino extracontractual y social, y deriva de la negligencia o imprudencia y hasta intención, de todos estos actores, en la construcción de urbanizaciones para viviendas, en una zona previsiblemente inundable que arruinaría a los propietarios de las viviendas, por lo que tienen una responsabilidad con la masa de compradores (ya que el urbanismo es para que sectores de la población, según su status económico, construyan o compren casas).

A juicio de quien concurre, en la satisfacción de las necesidades colectivas existe corresponsabilidad entre el Estado, por medio de sus diversos órganos y los particulares, que como lo señala el artículo 326 constitucional se ejerce sobre los ámbitos económico, social, político, cultural, geográfico, ambiental y militar.

Esa corresponsabilidad, entendida en sentido amplio, es ante la sociedad o colectividad y emana de la naturaleza de estado social de derecho que impera en Venezuela y conduce a quien daña en forma ilícita al colectivo deba responderle, incluso personalmente sin poder escudarse en la responsabilidad de las personas jurídicas.

En el caso de autos, el fallo ordena al Estado que reubique a una personas, indemnizándolas, pero nada dice sobre la responsabilidad personal de las autoridades que permisaron las urbanizaciones, ni sobre la de los constructores y financistas, y en nuestro juicio, ellos deberían reintegrar a la República lo que ha tenido que indemnizar, sin poder oponerle a esta prescripción alguna, ya que los daños ahora es cuando se están causando, y la real responsabilidad nace cuando los daños colectivos, producto de la imprevisión, ocurren.

No se trata de aplicar la responsabilidad decenal del constructor, sino que aquellos que se lucraron con el negocio urbanístico de cualquier forma, lo que incluye a los financistas, así como a los funcionarios que autorizaron urbanismos en zonas de peligro a largo alcance, sin orde-

nar ninguna previsión que impidiere los daños, deben resarcirlos cuando tengan lugar, por lo que quien sufre el daño (en este caso, la República de Venezuela) tiene una acción contra financistas, funcionarios municipales o de otra índole, y urbanistas, que no está sujeta a prescripción alguna, ni a partir de cuando vendieron la urbanización, ni de la fecha en que el Municipio entró en posesión de ella, ni de la fecha del primer daño, ya que tratándose de un daño continuo, a partir de que éste cese, comenzará a correr el término de la prescripción (...) (Cursivas y negrillas nuestras)"

La sentencia de amparo además de expresar esta novedad en el discurso jurisprudencial, le otorgará por primera y única vez al amparo el carácter indemnizatorio y no sólo restitutorio de derechos fundamentales conculcados. Al ordenar la Sala Constitucional al Ministerio del Ambiente "(…) *restablecer el valor económico de cada una de las viviendas de dichos habitantes, de manera que todos los sujetos lesionados -y no sólo los demandantes- puedan obtener un estándar de vida y vivienda similar al que tenían antes de la violación a sus derechos (…)*". Con este hito pretoriano, se cierra a finales del año 2009 el presente capítulo de popularización de los planes urbanísticos y la horizontalización de nuestro Derecho urbanístico diseñado a partir del instrumento normativo central de la LOOU.

F. *La atomización y normatividad portátil de voluntarismo popular (2011-2019)*

En enero de 2011 se inicia el período constitucional de la Asamblea Nacional correspondiente al 2011-2016. La presencia activa de una fracción de diputados opositores al gobierno, electos democráticamente en septiembre de 2010, incidirán en la concreción de una Ley Habilitante[261] al Presidente Hugo Chávez en diciembre de 2010, poco antes de culminar el período 2006-2011. También, se aprueban el bloque de leyes conocidas como las del Poder Popular[262], a saber, la Ley

---

[261] Publicada en Gaceta Oficial de la República Bolivariana de Venezuela, extraordinario, n° 6.009 de fecha 17-12-2010.

[262] Publicadas en bloque en la Gaceta Oficial de la República Bolivariana de Venezuela, extraordinario, n° 6.011 de fecha 21-12-2010.

Orgánica del Poder Popular, la Ley Orgánica de Planificación Pública y Popular, la Ley Orgánica de las Comunas, la Ley Orgánica del Sistema Económico Comunal y la Ley Orgánica de Contraloría Social. En dichos instrumentos se procede a bautizar la noción de Estado Comunal, donde, tras el disfraz de esta abstracción operativa, el Estado Centralizado asume el control de la actividad ciudadana[263].

Las leyes del Poder Popular, continuarán la senda de la legislación de la primera década del siglo XXI. Abonarán el camino que fuera trazado por la Ley de Tierras Urbanas (LTU)[264], ésta última, la que desviara los conceptos pacíficamente aceptados por el Derecho urbanístico venezolano desde 1983. La LTU parte del error conceptual al reconocer la supuesta existencia de *"tierras urbanas sin uso"* (Art. 5), cuando sabemos que al incluirse una parcela o lote de terreno dentro de la poligonal urbana es porque precisamente la Ordenanza de Zonificación o el PDUL le ha asignado un *"Uso"* específico del suelo. Este desacierto será agravado con el procedimiento[265] contemplado para constatar disparatadamente que una "tierra urbana está sin uso". Esta desazón nos fue el preludio de la destrucción a grandes pasos de la mismísima base conceptual-urbanística, edificada a lo largo de 70 décadas. Concebir el suelo urbano como *tierra urbana,* cual concepto rústico-predial es un contrasentido que nos lleva hacia la atomización y la endeble normatividad urbanística, signo inequívoco de la etapa que comenzó en 2011.

---

[263] Véase Brewer-Carías, Allan R.; Nikken, Claudia; Herrera Orellana, Luis; Alvarado Andrade, Jesús María; Hernández, José Ignacio y Vigilanza, Adriana. *Leyes Orgánicas sobre el Poder Popular y el Estado Comunal (Los Consejos Comunales, la Sociedad Socialista y el Sistema Económico Comunal).* Editorial Jurídica Venezolana, Caracas, 2011.

[264] Publicada en Gaceta Oficial de la República Bolivariana de Venezuela, extraordinario, n° 5.933 de fecha 21-10-2009.

[265] Véase Capítulo IV, Artículos 21 al 36 de la Ley de Tierras Urbanas.

a. *Las áreas vitales de Vivienda y el desmoronamiento de la ordenación territorial y urbanística. El desconocimiento de las competencias constitucionales de planificación y control urbano de los Municipios*

El Ejecutivo Nacional se propuso, desde 2002 tal y como lo estudiamos, resolver el eterno problema de la vivienda. Vistas las complicaciones que conlleva la edificación o urbanización, se abocó en una frenética carrera por construir casas y apartamentos a lo largo y ancho de la geografía nacional. El activismo de vivienda pone en jaque el concepto mismo de ordenación urbanística, pues, se impone la política de construir donde sea y a como de lugar, con el fin de satisfacer la voracidad del populismo.

De esta forma, visto la importancia de conseguir los terrenos bajo cualquier modalidad, sin importar el empleo de la coacción indiscriminada, el Presidente de la República dicta el Decreto n° 8.005 con Rango, Valor y Fuerza de Ley Orgánica de Emergencia para Terrenos y Viviendas[266]. La exposición de motivos es gráfica y puede considerarse una confesión probatoria sobre el carácter extraordinario del Decreto. Curiosamente entre los fundamentos para dictarlo, amén de la grave crisis de vivienda que reconoce, asume su agravamiento "(...) *por las inclemencias del cambio climático, que se han manifestado recientemente, y cuyos terribles impactos han causado, no sólo grandes devastaciones en los barrios construidos en zonas inestables de las áreas urbanas, sino también, inmensas inundaciones en zonas rurales del país* (...)".

La figura que representa nuestro tiempo, lamentablemente, es las llamadas Áreas Vitales de Viviendas y Residencias, mejor conocidas como AVIVIR. Las AVIVIR, como bien lo señala el artículo 3 del Decreto-Ley, es una superficie determinada, dictada por el Presidente de la República, a los fines de "(...) *reordenar integralmente la distribución y uso del espacio, sea éste urbano o rural, para destinarlo en prioridad y con urgencia,*

---

[266] Publicado en Gaceta Oficial de la República Bolivariana de Venezuela, extraordinario, n° 6.018 de fecha 29-01-2011.

a la construcción de viviendas unifamiliares o multifamiliares de microcomunidades, pequeños barrios, grandes barrios o nuevas ciudades (...)".

La reordenación que hace mención el Decreto-Ley, se enmarca dentro del concepto de *ordenación territorial*, si desgranamos el artículo citado y se confronta con las disposiciones de la Ley Orgánica para la Ordenación del Territorio. De ser así, es decir, que la naturaleza de las AVIVIR sea territorial, entonces, la actividad propia implica una *reclasificación del suelo* ya de por sí preclasificados en los Planes de Ordenación Territorial, específicamente, en los Planes Regionales revestidos bajo el nominativo Ley de Ordenación Territorial de cada estado.

Cuando se subraya la destinación de esta afectación territorial, según el tenor textual del Decreto-Ley, podemos verificar que se dictarían en aquellos casos donde precisamente ha carecido de todo vestigio de ordenación (sea territorial o urbanística). Esto en lenguaje urbanístico del viejo MINDUR, eran las denominadas *"Áreas de Desarrollo Urbano no controlado, con la indicación de las características a corregir con el fin de incorporarlas a la estructura urbana"*[267]. En el lenguaje del Decreto-Ley las identifica con microcomunidades, pequeños barrios, grandes barrios o nuevas ciudades[268], precisamente, áreas donde lo que ha carecido es de urbanismo.

La práctica de las AVIVIR, desde que fue dictada la primera de aquéllas[269] es que el Ejecutivo Nacional precisa: A) Una poligonal de afectación, y luego, en otro artículo, B) Delega en un órgano de la Administración Pública Nacional, que tomen las medidas correspondientes. Hasta la fecha, ex-

---

267   Artículo 34, numeral 8 de la Ley Orgánica de Ordenación Urbanística.

268   Artículo 3, numeral 3 del Decreto-Ley 8.005. Sobre el particular, véase Hernández, José Ignacio. "La regulación de la propiedad privada en el régimen de emergencia de terrenos y vivienda". En: *Revista de Derecho Público.* Editorial Jurídica Venezolana, n° 130, Caracas, 2012 (Abril-Junio), pp. 273-284.

269   Decreto Presidencial n° 8.041, publicado en Gaceta Oficial de la República Bolivariana de Venezuela, n° 39.615 del 14 de febrero de 2011.

cluyendo del presente año, se han dictado sin importar la zonificación dentro de las poligonales urbanas, 16 Decretos Presidenciales con más de 800 áreas o lotes de terrenos identificados[270]. Espacios que en buena medida ya poseen variables urbanas fundamentales destinadas a zonas residenciales, o bien, como ocurrió en la ciudad de Barinas donde fue declarada AVIVIR parte de la zona industrial.

En la práctica, las AVIVIR dictadas son incompletas, amén de haberse decretado sobre poligonales urbanas consolidadas. Esto quiere decir que todas no cumplen los propios requisitos del Decreto-Ley, de por sí, exigentes en estos instrumentos de ordenación territorial. Establece el artículo 4, *ejusdem*: "A los efectos de la presente Ley, se entiende por:

"(…) Omisis (…) **ÁREAS VITALES DE VIVIENDAS Y DE RESIDENCIAS (AVIVIR):** Creadas mediante Decreto por el Presidente de la República en Consejo de Ministros, en ellas, el Estado procederá a **reordenar íntegramente el territorio**, para destinarlo con prioridad y con urgencia, a la construcción de viviendas. En el marco de esta redistribución y uso del espacio, será efectuada la calificación de los terrenos aptos para la construcción de viviendas e inmuebles no residenciales, que se encuentren ociosos, abandonados o de uso inadecuado a los fines del Poblamiento y habitabilidad. En estas áreas, el Ejecutivo Nacional podrá establecer **un régimen específico contentivo de condiciones especiales en el ámbito del reordenamiento territorial, laboral, de seguridad, de orden público, de servicios, simplificación de trámites administrativos, incentivos, regulaciones y cualquier otro tipo de medidas, que coadyuven al cumplimiento expedito de los objetivos de la presente Ley** (…)" (subrayado y negrillas nuestras).

---

[270] Véase Decretos n° 8.145 (Gaceta Oficial n° 39.655 de fecha 13-04-2011), n° 8.191 (Gaceta Oficial n° 39.671 de fecha 11-05-2011), n° 8.301 (Gaceta Oficial n° 39.708 de fecha 07-07-2011), n° 8.333 (Gaceta Oficial n° 39.713 de fecha 14-07-2011), n° 8.514 (Gaceta Oficial n° 39.779 de fecha 17-10-2011), n° 8.627 (Gaceta Oficial, extraordinaria, n° 6.061 de fecha 09-12-2011), n° 8.885, 8.886, 8.888, 8.889, 8.890, 8.891, 8.892, 8.894 y 8.895 (Gaceta Oficial, n° 39.896 de fecha 02-04-2012), n° 179 (Gaceta Oficial n° 40.186 de fecha 11-06-2013).

Entonces, podemos entender que jurídica y operativamente, las AVIVIR son inocuas para solventar el real problema de la vivienda, es decir, no tienen un efecto inmediato sino una mera declaratoria. Sin embargo, al ser dictados sobre áreas urbanas consolidadas, genera zozobra por las medidas que generalmente conlleva, entre las que sobresale por su negativo impacto, la *Ocupación Previa* (Artículos 10 y 11 del Decreto-Ley).

En la práctica, el Ejecutivo Nacional y grupos anárquicos terminan por apoderarse del terreno, casi siempre, tomando en posesión el mismo. Esto es una evidente forma de confiscación solapada, pues, en ninguno de los decretos de AVIVIR dictados hasta ahora, ordenan que se cumpla el procedimiento previsto en la Ley de Expropiación por Causa de Utilidad pública o Social. Ni siquiera se verifica la expropiación sumaria determinada en el Decreto-Ley N° 9.050 para la DETERMINACIÓN DEL JUSTIPRECIO DE BIENES INMUEBLES EN LOS CASOS DE EXPROPIACIONES DE EMERGENCIA CON FINES DE POBLAMIENTO Y HABITABILIDAD[271]. También, éste último violenta los principios básicos de las indemnizaciones inmobiliarias por vía de expropiación, al contemplar que sólo se pagará el terreno expropiado según el precio aparecido en el último documento de venta.

Además, aunado a la zozobra e inseguridad jurídica, las AVIVIR, según el propio Decreto-Ley que las crea, establece una suerte de preclasificación y afectación de los inmuebles *aptos para la construcción de viviendas*, no sólo los de naturaleza privada, sino también terrenos propiedad pública (estadales y municipales) protegidos constitucionalmente como es el caso de los ejidos. Esta afectación *"ope legis"* (Art. 9) es violatorio del sistema de planes territoriales y urbanísticos, pues, al ser dictados en áreas urbanas, ya dicho suelo está predeterminado según su zonificación a un destino urbanístico bien precisado.

---

[271] Publicado en Gaceta Oficial de la República Bolivariana de Venezuela, n° 39.945 de fecha 15-06-2012.

Las AVIVIR dictadas, como se dijo, viola el sistema ordenado de planes territoriales y urbanísticos, desconociéndolos. Debemos recordar que el sistema de planes está concordado por todas las autoridades urbanísticas reconocidas en la Constitución y la LOOU (República y Municipio), donde, si se dicta un PDUL, si bien es creación exclusiva del Municipio, aquél ha sido validado por las autoridades nacionales competentes, cumpliéndose el procedimiento previsto en la LOOU para la creación de los PDUL, como en el propio instructivo del extinto MINFRA[272]. Al dictarse la AVIVIR, se viola dicho sistema de planes, desconociendo así el sistema competencial urbanístico previsto en la Constitución desde 1909 hasta la de 1999, inclusive, y articulado operativamente en la LOOU.

Así, podemos concluir. Primero, las AVIVIR son instrumentos particulares de ordenación territorial, destinados para aquellas áreas de "Desarrollo Urbano no controlado". Segundo, las AVIVIR dictadas hasta el momento son inconstitucionales por cuanto desconocen el sistema de ordenación territorial y urbanística, al afectar zonificaciones dentro de las poligonales urbanas consolidadas, que no toleran el asentamiento residencial. Tercero, las AVIVIR desconocen de esta forma, y desdice la voluntad de la administración urbanística nacional, las aprobaciones previas realizadas por el Ejecutivo Nacional cuando el Municipio ha elaborado un PDUL.

Al ser las AVIVIR instrumentos de ordenación territorial, deben cumplir con las previsiones de la LOOT. Incluso, somos de la tesis que las AVIVIR al ser instrumentos especiales de ordenación territorial, se equipararían con lo perseguido en lo que la LOOT bautiza como ABRAES (Áreas bajo Régimen de Administración Especial). De allí que debe aplicarse de forma supletoria los requisitos del artículo 17 de la LOOT, donde, para que tenga validez un ABRAE no basta sólo que se dicte el Decreto Presidencial de la poligonal afectada, sino

---

[272] Ministerio de Infraestructura. *Guía de Elaboración del Plan de Desarrollo Urbano Local*. Resolución nº 139, publicada en Gaceta Oficial de la República Bolivariana de Venezuela, nº 37.888 de fecha 01-03-2004.

el Reglamento Especial de Uso, que establezca las Variables Urbanas Fundamentales que deban ser aplicadas con preferencia, sin que ello, menoscabe las previstas en las Ordenanzas municipales o inclusive, en otros instrumentos generales de ordenación territorial (Plan Regional de Ordenación Territorial) o urbanística (Plan de Ordenación Urbanística POU).

Muchas de las AVIVIR dictadas entre 2011 y 2012, a nuestro juicio, han decaído. Si son instrumentos de ordenación territorial, también les es aplicable lo previsto en el artículo 64 de la LOOT, que establece:

"(…) *Cuando la ejecución de los planes de ordenación del territorio implique la extinción del derecho de propiedad, las autoridades respectivas competentes deberán proceder a decretar la expropiación conforme a la ley especial. A tal efecto, en el Plan respectivo de Ordenación de Territorio se deberá establecer un lapso para la ejecución de la expropiación correspondiente, cónsono con la naturaleza y alcance de la actividad a realizar. Cuando el lapso sea superior a tres años, la autoridad competente deberá establecer un régimen transitorio de uso efectivo de la propiedad afectada. Parágrafo único: Vencido el lapso para la ejecución de la expropiación previsto en el Decreto respectivo, sin que los entes públicos competentes hubieren procedido consecuentemente, se deberá indemnizar al propietario por las limitaciones al uso de su propiedad y deberá reglamentarse un uso compatible con los fines establecidos en el plan respectivo (…)".*

b. *Las misiones como forma de implementar arbitrariamente el nuevo urbanismo portátil. La Gran Misión Vivienda Venezuela y la Misión Barrio Nuevo, Barrio Tricolor*

Si el Estado venezolano empleó en el pasado la Descentralización, en su versión institucional (INAVI) o territorial (Institutos regionales o municipales de vivienda), según el tiempo ya explicitado, desde 2011 será el concepto transitorio de *Misión* quien se encargará de ejecutar los procesos de urbanización en estos tiempos.

Si bien las Misiones aparecen en 2003 como forma de materializar las políticas sociales del Gobierno Nacional, en materia urbanística parten con la creación de la Gran Misión Vivienda Venezuela a través del Decreto-Ley n° 8.143[273].

Posteriormente, en 2013, se crea la Gran Misión Barrio Nuevo-Barrio Tricolor[274], quien se encargará del proceso de embellecimiento y acomodo de los anteriormente denominados Asentamientos Urbanos Populares, hoy trasmutados en su nuevo nominativo de *Asentamientos Urbanos o Periurbanos*[275]. Las misiones sustituirán a las antiguas oficinas técnicas de los ministerios, más especialmente, a las direcciones técnicas del desaparecido Ministerio de Desarrollo Urbano (MINDUR).

c. *La transformación inconstitucional del concepto de equipamiento urbano en escala de regionalización y la deshumanización del hábitat urbano*

Al cumplirse los primeros 25 años de la LOOU, en 2014, aparece un Decreto con implicaciones que van más allá de su título enunciado. Hacemos referencia al Decreto con Rango, Valor y Fuerza de Ley de Regionalización Integral para el

---

[273] Decreto con Rango, Valor y Fuerza de Ley del Régimen de Propiedad de las Viviendas de la Gran Misión Vivienda Venezuela. Publicado en Gaceta Oficial de la República Bolivariana de Venezuela, extraordinario, n° 6.021 de fecha 06-04-2011.

[274] Decreto Presidencial n° 603, publicado en Gaceta Oficial de la República Bolivariana de Venezuela, n° 40.299 de fecha 21-11-2013. Según el III Inventario Nacional de Barrios, para 1993 más del 61% de los habitantes de las principales ciudades del país vivía en barrios. Si se hace referencia al total de la población urbana -84% de la población total según censo de 1990- más de la mitad de la misma, unos 10 millones de personas, vive en barrios no integrados al tejido urbano de nuestras ciudades. Para más detalles véase Martín Frechilla, J.J. "Obras Públicas. Siglo XX". En: *Diccionario de Historia de Venezuela*. Vol. III, Fundación Polar, Caracas, 1997, p. 387.

[275] Decreto Presidencial n° 8.198, con Rango, Valor y Fuerza de Ley Especial de Regularización Integral de la Tenencia de la Tierra de los Asentamientos Urbanos o Periurbanos. Publicado en Gaceta Oficial de la República Bolivariana de Venezuela, n° 39.668 de fecha 06-05-2011.

Desarrollo Socioproductivo de la Patria[276]. A primera viste luce como otro instrumento normativo propio de las décadas revolucionarias, donde su lingüística enaltece un supuesto y risible orden moral superior, emanado del éter bolivariano y cuyo fin está predestinado para engrandecer -a título de epopeya- los caminos de una hipotética patria idealizada, plena de virtuosismo y bautizada por la mítica voluntad popular más cercana al tumulto que a la democracia directa. En pocas palabras, una ley adicional -e inconsulta- que engrosa las filfas de un legislador popular sin pueblo alguno.

Ahora, analizando con detenimiento el Decreto-Ley, tal y como lo indicamos hace un par de años, el mismo es parcialmente inconstitucional[277]. Es necesario detenernos en la esencia misma del equipamiento urbano. Concepto y naturaleza que es mixtificado sin ningún orden lógico o epistemológico que pudiera otorgarle legitimidad científica. Preliminarmente el equipamiento urbano no debe entenderse como mera infraestructura de servicios públicos o esparcimiento. Tampoco son espacios baldíos o abandonados donde lo más resaltante es la vegetación descontrolada. Mucho menos agregados de estética urbana, así los mismos equipamientos busquen humanizar y armonizar el perfil de la ciudad[278]. El equipamiento es el sello característico del urbanismo moderno que evita el caos urbano y la mera aglomeración de personas y edificios, erigiéndose como la *expresión de la socialización del espacio urbano*[279].

---

[276] Publicado en Gaceta Oficial de la República Bolivariana de Venezuela, extraordinario, n° 6.151 de fecha 18-11-2014.

[277] Véase Urbina Mendoza, Emilio J. "La transformación inconstitucional del concepto sobre equipamiento urbano como <<escala de regionalización>> en el Decreto-Ley de Regionalización Integral para el Desarrollo Socioproductivo de la Patria". En: *Revista de Derecho Público*. Editorial Jurídica Venezolana, n° 140, Caracas, 2014 (octubre/diciembre), pp. 383-400.

[278] Véase Fernández Rodríguez, Carmen. *Estética y Paisaje Urbano. La intervención administrativa en la estética de la ciudad*. Editorial La Ley, Madrid, 2011, pp. 64-73.

[279] Instituto de Estudios Regionales y Urbanos de la Universidad Simón Bolívar y Consejo Nacional de la Vivienda. *Formulación de Normas de Equipamiento*

Para establecer una conceptualización jurídica de los equipamientos urbanos, es necesario revisar los textos normativos que los contemplan o regulan desde 1977 en adelante, fecha ésta última, cuando se recogen las viejas reglas técnicas del Ministerio de Obras Públicas en materia de equipamiento comunal. Lo que sí debemos tener en cuenta de antemano, es que el equipamiento son zonas donde existe la obligación *non aedificandi*, como apuntó el profesor BREWER-CARÍAS, salvo, para lo que se refiere a determinados tipos de construcciones directamente complementarias de los jardines, parques, plazas y campos deportivos o recreacionales[280].

Su regulación fue precisada científicamente en la Resolución n° 151 de MINDUR, contentiva de las Normas para Equipamiento Urbano[281], en su objeto estatuye: "(…) *que se establecen la proporción de usos comunales que se requieren en las ciudades para lograr un medio urbano armonioso y un funcionamiento eficiente y cónsono con los requerimientos de la población. Son de obligatorio cumplimiento en la planificación, gestión y desarrollo de los conjuntos urbanísticos (…)*" (Art. 1).

De igual forma, la Resolución n° 533 del Ministerio del Desarrollo Urbano, contentiva de las Regulaciones Técnicas de Urbanización y Construcción de Viviendas Aplicables a Desarrollos de Urbanismo Progresivo[282], en su glosario de términos se contempla: "(…) *6. Área de Equipamiento Urbano: Se refiere a los terrenos previstos para las escuelas, campos de juego, parques y demás equipamientos, accesible a todos los miembros de una comunidad y cuya propiedad, control y mantenimiento podrá estar a cargo de organismos públicos, instituciones privadas o la propia comunidad (…)*".

Urbano. Informe Final. Fundación de Investigación y Desarrollo (FUNINDES) e Instituto de Estudios Regionales y Urbanos de la Universidad Simón Bolívar, Caracas, 1999, pp. 2-4.

[280] Véase Brewer-Carías, Allan R. *Urbanismo y Propiedad Privada.* Editorial Jurídica Venezolana, Caracas, 1980, p. 506.

[281] Publicada en Gaceta Oficial de la República de Venezuela, n° 33.289 de fecha 20-08-1985.

[282] Publicada en Gaceta Oficial de la República de Venezuela, extraordinario, n° 4.085 de fecha 12-04-1989.

Como puede observarse, encontramos cuatro notas comunes en las previsiones normativas citadas textualmente. Primero, los equipamientos son áreas o infraestructura para la dotación de un servicio, sea cual sea su naturaleza. Segundo, estos inmuebles son de carácter comunal, es decir, que su ratio descansa en que obligatoriamente se conciben para ser disfrutados por todos los miembros de la comunidad, dependiendo del ámbito de aplicación del equipamiento. Tercero, los espacios destinados para tal fin, están revestidos del carácter demanial[283], es decir, protegidos por un régimen de Derecho Público que los hace inembargables, imprescriptibles e inalienables, así el origen de dicha propiedad sea privada. Cuarto, ya desde la función o teleología, están diseñados para *humanizar el medio urbano incrementando progresivamente la calidad de vida de las ciudades, poblados o comunidades, según sea la magnitud urbanística.*

Con el Decreto-Ley, todas estas notas son eliminadas para convertirlos en una *opción* para las edificaciones de Gran Misión Vivienda Venezuela. Erróneamente el instrumento legal asume que los equipamientos urbanos se calculan sobre la base del área y no por la densidad poblacional como siempre ha sido. Basta revisar las denuncias sobre la ausencia del equipamiento urbano básico y encontrarnos en que se construyen casas y departamentos, pero carentes muchas veces de los servicios básicos.

Estas carencias transforman las que pudieron haber sido soluciones habitacionales hacia verdaderos desastres urbanísticos, por cierto, ya documentados a nivel global como por

---

[283] Por regla, los terrenos para equipamientos urbanos que se ubican dentro de la poligonal urbana, salvo disposición legal en contrario, son ejidos. Ello ha sido así desde la publicación en Gaceta Oficial de la primera Ley Orgánica de Régimen Municipal (1978) y sus sucesivas reformas (1984, 1988 y 1989). En la Ley Orgánica del Poder Público Municipal, se ratificó este carácter demanial en su artículo 147. Para más detalles, véase Turuhpial Cariello, Héctor. *Los ejidos como bienes patrimoniales demaniales municipales y no como limitaciones urbanísticas a la propiedad privada (Comentarios críticos a dos sentencias del Tribunal Supremo de Justicia en Sala Constitucional).* Fundación de Estudios de Derecho Administrativo, Caracas, 2012, pp. 7-17.

ejemplo lo que se concibió como una panacea urbanística en el siempre recordado y estudiado proyecto de bloques Pruitt-Igoe (San Luis, Misuri 1954), que terminó siendo demolido en 1972 por su devenir como calamidad o contraindicación de la planificación urbana[284]. Los equipamientos urbanos son imprescindibles, porque es lo que transforma un territorio en verdadero Hábitat, humano, humanizado y humanizador, sin importar el tiempo en que transcurra o las generaciones que hayan ocupado el urbanismo.

d. *Los cambios arbitrarios y populistas de zonificación o de uso por la Presidencia de la República*

Otra de las patologías gravísimas de este momento en el que transcurre nuestro régimen legal urbanístico, tiene que ver con las cada vez más grotescas intervenciones inconstitucionales del Ejecutivo Nacional sobre la planificación urbana. En diciembre de 2014, justo cuando se cumplían los primeros 25 años de la LOOU, el Presidente de la República decidió sin realizar las consultas técnicas pertinentes, un "(…) *Cambio de uso sobre unos terrenos ubicados en el Municipio Libertador del estado Mérida (…)*". Óigase bien ¡CAMBIOS DE USO! sobre una parcela con zonificación educacional para hacerla residencial para la Gran Misión Vivienda Venezuela[285].

En resumen, el Decreto como acto administrativo <<otorga un cambio de uso>> sobre una porción de suelo urbano del Municipio Libertador del estado Mérida. Según se desprende del artículo 1 bajo análisis, la zonificación prevista en

---

284 Véase Ramroth, William G. Planning for Disaster: How Natural and Manmade Disaster Shape the Built Environment. Kaplan Publishing, 2007.

285 Sobre este particular, publicamos un trabajo denunciando la más burda violación a la tradición urbanística venezolana en materia de cambios de zonificación. Para más detalles, véase Urbina Mendoza, Emilio J. "El Decreto Presidencial n° 1.542 como golpe a la autonomía municipal. Una reinterpretación nacionalizadora de la Ley Orgánica de Ordenación Urbanística". En: *Revista Electrónica de Derecho Administrativo Venezolano (REDAV)*. N° 5, Universidad Monteávila, Caracas, 2015 (enero/abril) [en línea: http://redav.com.ve/wp-content/uploads/2015/09/Emilio-J-Urbina-Mendoza1.pdf].

el sector está destinada para *usos educativos* (equipamiento urbano) y el Ejecutivo Nacional, eufemísticamente aplicando disposiciones de la LOOU, procedió a "otorgar" el cambio de uso *a residencial*, como si de suyo, existiese una petición de por medio amén de presumir legalmente competencias para resolver uno de los procedimientos más complejos como son los cambios de uso o zonificación.

Por primera vez en la historia normativa-urbanística nacional, la República realiza un inconcebible cambio de uso, procedimiento éste determinado en la LOOU (Art. 46) bajo supuestos específicos y donde el órgano público exclusivo para materializarlo es el Concejo Municipal, es decir, la rama legislativa del Municipio. Ni siquiera durante la etapa de mayor centralización administrativa (1958-1982) había procedido a inmiscuirse competencialmente dentro de las atribuciones exclusivas de los Municipios, como es la calificación del suelo urbano o los cambios del mismo.

Tampoco los Alcaldes, que en sí manejan administrativamente el control urbano, han sido tan atrevidos para usurpar funciones propias de los Concejos Municipales. En pocas palabras, los cambios de uso son actos de naturaleza legislativa, pues implican la modificación de una Ordenanza, sea la contentiva del Plan de Desarrollo Urbano Local (PDUL) o las clásicas de Zonificación. Y las Ordenanzas, como bien lo ha determinado la jurisprudencia de la Sala Constitucional del Tribunal Supremo de Justicia:

> "(...) **no son actos de rango sub-legal**, por lo que no están subordinadas a la ley. En nuestro ordenamiento jurídico existen tres niveles de legislación, todos de idéntico rango: el nacional, el estadal y el municipal. Es ese mismo rango el que, precisamente, permite que todas esas normas (leyes nacionales, leyes estadales y ordenanzas municipales) sean impugnables ante la jurisdicción constitucional, que está a cargo de esta Sala. (...)

> (...) En realidad lo que existe es la división constitucional del poder, con lo que a cada nivel territorial corresponde una parte del mismo, sin posibilidad de injerencia de otros órganos. **En**

esa distribución puede resultar que los Concejos Municipales tengan que ajustar sus decisiones a normas nacionales o estadales, pero a la vez ocurre que, en muchos otros supuestos, los Municipios actúan con entera libertad, sin que ni la Asamblea Nacional ni los Consejos Legislativos de los Estados pueden limitar ese poder. Se trata, entonces, de un asunto de competencia y no de jerarquía, como pretende hacerlo ver la parte demandante (…)"[286] (negrillas y subrayado nuestro)

Por ello, siguiendo la tesis pacífica de la Sala Constitucional del Tribunal Supremo de Justicia, donde, las Ordenanzas son leyes de naturaleza local, no entendemos cómo un Decreto Presidencial que es de rango sub-legal[287] -y esgrimiendo su ejecución directa en la LOOU según los considerandos- pueda alterar el contenido de las Ordenanzas de naturaleza urbanística, en este caso, del Municipio Libertador del estado Mérida. Realmente, una patología difícil de digerir si de verdad vivimos en un Estado de Derecho y de Justicia.

e. *El fin del procedimiento administrativo urbanístico y el retorno al oscurantismo del "Permiso de Construcción"*

El período bajo análisis lo cerramos con otro irracional actuar de la República relativa a la modificación inconstitucional del procedimiento administrativo-urbanístico por excelencia: *la constancia de adecuación a las variables urbanas fundamentales*. Lamentablemente, se incorporó en la Ley contra la Estafa Inmobiliaria (LCEI), un capítulo completo que debe resultar escandaloso para propios y extraños.

---

[286] Tribunal Supremo de Justicia/Sala Constitucional. Sentencia nº 1984 del 22 de julio de 2003 (Caso: *Nulidad de la Ordenanza sobre Conservación, Defensa y Mejoramiento del Ambiente en el Municipio Maracaibo del Estado Zulia*). Magistrado-Ponente: Antonio J. García.

[287] Sobre la naturaleza de los Decretos Presidenciales dentro del sistema de fuentes normativas y jerárquicas en Venezuela, véase Hérnandez-Mendible, Víctor Rafael. "Los actos administrativos: generales e individuales". En: *AAVV. La actividad e inactividad administrativa y la jurisdicción contencioso-administrativa*. Editorial Jurídica Venezolana, Caracas, 2012, pp. 87-130.

En su Capítulo V se puede leer el título "De la Permisología", asumiendo un término que además de considerarse un error gramatical, implica por partida doble aceptar la fútil noción de la "Ciencia de los Permisos", es decir, que llegamos a unos límites de frivolidad legislativa porque condicional la existencia de este tratado es concebir como política de Estado lo que se superó en 1987 cuando la LOOU estableció el procedimiento común urbanístico. Pero, el cinismo va más allá. El artículo 4 define legislativamente qué significa la "Permisología" al entenderla como "(…) *el conjunto de permisos que se requieren, especialmente los que emanan de organismos oficiales, para una actividad determinada, como constituir empresas, realizar obras, entre otras (…)*". Sobre advertir que el artículo es gráfico. Ya en una oportunidad hicimos el análisis detenido[288], lo que nos obligó a la interposición de un recurso de nulidad por inconstitucionalidad a mediados de 2013[289].

Lo más censurable no sólo al concepto sino al procedimiento que desconoce el carácter orgánico de la LOOU, es la reintroducción del mote "Permiso de Construcción", ya erradicado en Venezuela desde 1987. Su eliminación fue un triunfo para el Derecho administrativo formal y facilitó un avance importante en la materia. Por ello, al rescatarse en 2012 la calificación de "Permiso de Construcción" como uno de los eslabones más oscuros de nuestra historia normativa, resultó ser la más abyecta manifestación del antiurbanismo propugnado desde las más altas esferas gubernamentales deseosas de introducir un socialismo infantil donde lo conocido es absoluta y radicalmente abrogado[290].

---

[288]   Véase Urbina Mendoza, Emilio J. *El retorno del Permiso de Construcción: La reforma de los procedimientos administrativos urbanísticos en la Ley contra la Estafa Inmobiliaria.* FUNEDA, Caracas, 2013.

[289]   Sala Constitucional, expediente-Asunto 2013-583.

[290]   Véase Casal, Jesús María. "Un paso más en la construcción del Estado socialista comunal". En: *Revista de Derecho Público*, N° 130, Editorial Jurídica Venezolana, Caracas, 2012 (abril-junio), pp. 89-99. Brewer-Carías, Allan R. "¿Reforma administrativa en Venezuela? O la transformación no siempre planificada de la Administración Pública, para la implementación de un Estado Socialista al margen de la Constitución, mediante la multiplicación, dispersión

Ni siquiera el legislador prestó atención a las líneas jurisprudenciales bien definida sobre estos procedimientos[291].

> f. *El vaciamiento completo de las competencias municipales por la Gran Misión "Venezuela Bella", o de cómo la República pulveriza la base constitucional del ordenamiento urbanístico venezolano*

Quien fungió como Presidente de la República hasta el pasado 10 de enero de 2019, de manera arbitraria y contraria a toda lógica política imperante en la Federación desde 1864, ha decidido la creación de una Nueva Gran Misión denominada <<Venezuela Bella>>[292]. Sabiéndose que Nicolás Maduro Moros usurpa la Presidencia de la República, no tuvo el menor cuidado en crear un documento que a todas luces es nulo de nulidad absoluta. La nueva Gran Misión, dentro de ese marco organizacional de densa burocracia como son las *Grandes Misiones, Misiones y Micromisiones*[293]; comienza por reconocer la incapacidad de todo el andamiaje administrativo venezolano para hacerle frente a las más mínimas nociones de mantenimiento urbano.

En palabras del ex Presidente Maduro, en la alocución de fecha 16-01-2019, expresó con respecto a esta Gran Misión:

---

y centralización de sus órganos y entes". En: *Revista de Derecho Público*. N° 132, Editorial Jurídica Venezolana, Caracas, 2012 (octubre-diciembre), pp. 7-27.

[291] Corte Primera de lo Contencioso-Administrativo. Sentencia del 14/08/1985 (Caso: Asociación de Vecinos de la Urbanización "Los Naranjos"-vía Alto Hatillo vs. Municipalidad del Distrito Sucre del Estado Miranda (consultada en original).

[292] Decreto n° 3.745 publicado en Gaceta Oficial de la República Bolivariana de Venezuela, n° 41.570 de fecha 23 de enero de 2019.

[293] Las *Grandes Misiones* son definida como un "(...) conjunto concentrado de políticas públicas y recursos destinados a la resolución masiva, acelerada y progresiva de problemas estructurales que limitan o impiden el ejercicio de derechos sociales de toda o parte de la población, los cuales requieren un tratamiento y resolución inter-sectorial (...)". Artículo 4.2. del Decreto con Rango, Valor y Fuerza de Ley Orgánica de Misiones, Grandes Misiones y Micro-Misiones. Publicado en Gaceta Oficial de la República Bolivariana de Venezuela, extraordinario, n° 6.154 de fecha 19 de noviembre de 2014.

"(...) Y voy al grano. Nosotros tenemos que poner a Venezuela bella, bella por dentro y bella por fuera como dicen, bella en la infraestructura, en lo físico, en lo cultural y bella en la estética. Las cosas tienen que estar bien, funcionar y ser agradables, coloridas, deben brillas de belleza, todo en Venezuela, todo, compañeros y compañeras. (...)"[294]

Es inaudito que ahora se pretenda darle un vuelco a toda la realidad urbanística venezolana si ha sido precisamente el gobierno bolivariano en los últimos 20 años quien ha desmontado el propio sistema de ordenación urbanística. Resalta en este señalamiento, lo que indica el considerando cuarto de este documento que pretende ser Decreto presidencial:

"(...) Que para **lograr el embellecimiento de la República Bolivariana de Venezuela, es pertinente la aplicación de una política reflejada en un esfuerzo extraordinario**, que permita **pasarle por encima a la burocracia, el letargo, la indolencia**, para junto al poder nacional, regional y municipal, y con el poder popular activado hacer de nuestra Venezuela la patria mas bella que nunca se haya visto en América Latina y el Caribe, Venezuela bella, Venezuela en paz, el vivir viviendo (...)" (Negrillas y subrayado nuestro)

¿Esfuerzo extraordinario? ¿Pasarle por encima a la burocracia, el letargo, la indolencia? Resulta una confesión de gran calibre, que ahora, sabiendo la destrucción de nuestras ciudades por la indolencia de 20 años del propio gobierno que ahora quiere irónicamente una *Venezuela Bella*. El deterioro de las ciudades venezolanas[295] hoy es producto de lo que hemos explicado en las páginas precedentes, pero que ahora, con esta nueva Gran Misión, termina por pulverizar las bases constitucionales de la ordenación urbanística venezolana.

---

[294]   Misión Venezuela Bella comienza en 60 ciudades. Alocución en el Salón Ayacucho del Palacio de Miraflores, Caracas, 16 de enero de 2019. Véase en http://www.minci.gob.ve

[295]   Véase el reportaje de Martín Caparrós "Caracas, la ciudad herida". En: *Diario El País* semanal. Madrid, edición de fecha 25 de enero de 2019. Edición en línea [En: https://elpais.com/elpais/2019/01/24/eps/1548348915_281544.html]

El artículo 178 de la Constitución atribuye a los Municipios de forma exclusiva, las competencias en las siguientes materias:

"(...) 1. Ordenación territorial y urbanística; patrimonio histórico; vivienda de interés social; turismo local; parques y jardines, plazas, balnearios y otros sitios de recreación; arquitectura civil, nomenclatura y ornato público. (...)

2. Vialidad urbana; circulación y ordenación del tránsito de vehículos y personas en las vías municipales; servicios de transporte público urbano de pasajeros y pasajeras (...)

4. Protección del ambiente y cooperación con el saneamiento ambiental; aseo urbano y domiciliario, comprendidos los servicios de limpieza, de recolección y tratamiento de residuos y protección civil (...)"

El documento que crea la Gran Misión Venezuela Bella de forma inconstitucional atribuye a este nuevo órgano burocrático nacional, que ni siquiera tiene rango ministerial, todas las competencias urbanísticas de los municipios. Veamos.

"(...) Artículo 4°. La Gran Misión Venezuela Bella tendrá como objetivos:

a. Intervenir de manera integral el ornato público, el patrimonio histórico; parques, jardines, plazas, bulevares, el casco central de las ciudades más pobladas, y otros sitios de recreación.

b. Rehabilitar el alumbrado de los espacios públicos, bulevares, avenidas, calles de las ciudades y de los principales sectores públicos.

c. Recuperar de manera integral la vialidad urbana; reordenar las paradas de buses, taxis y moto-taxis circulación, ello a los fines de la ordenación del tránsito de las ciudades.

d. Adecuar, con la estrategia del plano y círculo, las principales fachadas adyacentes a las grandes avenidas, calles y bulevares, entre otros espacios.

e. Rehabilitar y fortalecer la red de semáforos de las ciudades.

f. Recuperar las áreas verdes y el ornato en general de las ciudades.

g. Ordenar y facilitar los accesos a los principales barrios de las ciudades y mejorar sus calles principales.

h. Recuperar de manera integral las fachadas y techos de las principales urbanizaciones populares y de los barrios de las ciudades (...)"

Resulta evidente que esta organización burocrática informal ahora pretenda apropiarse de las atribuciones constitucionales exclusivas de los Municipios. Por otra parte, nótese en la redacción el empleo de supuestas técnicas que no deberían ser mencionadas en un documento con pretensiones de ser decreto presidencial.

Esta nueva Gran Misión es la estocada final a la autonomía de los municipios en su histórica competencia de ordenación urbanística.

III. A MANERA DE CONCLUSIÓN: EL RETO POR LA RECONSTRUCCIÓN DE UN DERECHO URBANÍSTICO VENEZOLANO. DESAFÍOS DE CARA AL 2025

El pesimismo que aporta lo experimentado desde 2011 en adelante, acelerado con el ascenso, en 2013, a la Primera Magistratura Nacional del Presidente Nicolás Maduro Moros, debe necesariamente introducirnos dentro de los territorios más profundos de la reflexión proactiva. Logramos hacer una apretada síntesis de 70 años de historia jurídico-urbanística, constatando evoluciones y retrocesos curiosamente vinculados a las mentalidades de nuestros gobernantes. Del régimen legal rudimentario, pasamos a otro más complejo con su proliferada legislación dispersa y centralización administrativa.

La experiencia nos inclinó asumir el modelo de planes jerarquizados con el momento culmen al publicarse en Gaceta Oficial la Ley Orgánica de Ordenación Urbanística. Sobre esta experiencia, la doctrina y jurisprudencia urbanística logró ascender hacia estados de tecnificación propios del primer mundo y poder exhibir un Derecho urbanístico venezolano.

Lamentablemente, al introducirse en Venezuela la ideologización de todo como un absoluto, los logros comenzaron a desmoronarse desmontando el discurso y llevarlo hasta niveles despreciables de pauperización intelectual. Por ello, el reto que nos imponemos desde este momento es rescatar nuestra experiencia histórica y enfrentarla.

Potenciar aquellas soluciones técnicas que facilitaron esa ciudad de ensueño, pero a su vez pragmática. Próspera y generadora de oportunidades, pero competitiva y frustrante. Debemos construir las bases para que la RESILIENCIA sea elemento integrador de los ciudadanos en nuestras urbes venezolanas ya de por sí pauperizadas. De forma reciente, la doctrina urbanística más calificada, entiende el término para aplicarlo a cualquier instrumento de planificación urbana[296], aunque históricamente, pensadores clásicos como René Descartes, resaltarían sus beneficios en los siguientes términos:

"(...) No importa cuan espaciosa sea una casa de campo, siempre le falta una infinidad de comodidades que sólo pueden ser encontradas en las ciudades; y hasta la soledad que uno espera hallar nunca es perfecta. Admito que pueda encontrar un canal que realice el sueño más gárrulo, y un valle tan solitario que les inspire éxtasis y alegría; pero será difícil que pueda evitar a una cantidad de pequeños vecinos que a veces le fastidiarán, y cuyas visitas son incluso más molestas que las que usted recibe en París. Por contraste, en la gran ciudad en que me encuentro, no habiendo nadie, excepto yo, que no sea mercader, todo el mundo está tan pendiente de su beneficio que podría vivir aquí toda mi vida sin haber sido visto nunca por nadie. Yo paseo todos los días entre la confusión de grandes multitudes con tanta libertad y reposo como usted puede encontrar en sus senderos, y no miro a las personas que veo, más que a los árboles que uno encuentra en vuestros bosques o a los animales que pasan por allí. Incluso el ruido de su actividad no interrumpe mis ensoñaciones más que el de un río. Si algunas veces reflexiono sobre sus actividades, lo hago con el mismo placer que usted tiene en contemplar a los campesinos cultivando sus parcelas, pues veo que toda su labor sirve para embellecer el lugar donde vivo y para asegurar que no me falte nada.

---

[296] Véase Alonso Ibáñez, María Rosario. "De la política urbanística a la política urbana: los retos actuales del Derecho urbanístico". En: *Revista de Derecho Urbanístico y Medio Ambiente*, n° 277, Madrid, (noviembre) 2012, pp. 13-28. También, véase Martin Rebollo, Luis. *Derecho urbanístico: concepto y contenido*. En: AAVV. *Fundamentos de Derecho urbanístico*. Thomson-Aranzadi, Madrid, 2007, pp. 41-52.

Pues si hay placer en ver los frutos crecer en vuestros huertos y recrear la vista con la abundancia, no es menor ver a los barcos llegar aquí trayéndonos en abundancia todo lo que las Indias producen y todo lo que es raro en Europa. ¿Qué otro lugar del mundo puede uno elegir en el que todas las comodidades de la vida y cualquier curiosidad que uno pueda desear sean tan fáciles de encontrar como aquí? (…)"[297]

Nuestra historia de finales del XX y siglo XXI fue y será una historia eminentemente urbana[298]. Sus huellas sólo ocurren en los ámbitos urbanos donde para mediados de 2050, vivirá cerca de las 2/3 partes de los seres humanos. No en vano los llamados internacionales de actores urbanísticos clásicos como los más emergentes, invitan a reencontrarnos con esa historia, tal y como lo rescata las palabras de Su Santidad, el Papa Francisco:

"(…) 151. Hace falta cuidar los lugares comunes, los marcos visuales y los hitos urbanos que acrecientan nuestro sentido de pertenencia, nuestra sensación de arraigo, nuestro sentimiento de "estar en casa" dentro de la ciudad que nos contiene y nos une.

Es importante que las diferentes partes de una ciudad estén bien integradas y que los habitantes puedan tener una visión de conjunto, en lugar de encerrarse en un barrio privándose de vivir la ciudad entera como un espacio propio compartido con los demás (…)"[299]

2025 está a la vuelta de la esquina, y Venezuela requiere repensar sus ciudades. Pero, poco o nada logrará en la renovación urbanística, si continúa empleando mecanismos aislados, poco responsables y de dudosa legitimidad en materia técnico-jurídica como los AVIVIR, las misiones del Barrio Tri-

---

[297] René Descartes. (Carta de fecha 03-05-1631, al escritor *Jean-Louis Guez de Balzac*, traducida por A. Bridoux en *Oeuvres et lettres*. París, 1949, pp. 728-730).

[298] Matamoros, Blas. "De tropiezos y retornos". En: *Cuadernos Hispanoamericanos*. AECI, n° 594, Madrid, 1999, pp. 35-43.

[299] Carta Encíclica *Laudatio Si, sobre el cuidado de la casa común*. AAS n° 107, 9, Roma, de fecha 04-09-2015, pp. 84-945.

color, los cambios de uso y toda la parafernalia burocrática que publicita la Gran Misión Vivienda Venezuela. Debemos cuanto antes erradicar la tentación de resolver problemas particulares de vivienda a la gente, destruyendo la ciudad.

ÍNDICE

www.ingramcontent.com/pod-product-compliance
Lightning Source LLC
Chambersburg PA
CBHW020708270326
41928CB00005B/326